89歳、人生なんだってできるのよ!

マスターズ70歳以上・47kg級
世界記録・日本記録保持者
奥村正子
Masako Okumura

桜の花出版

はじめに

私が「ベンチプレス」を始めたのは、72歳の時です。

普通に考えたら、とうに引退しているような年齢でした。

でも、何事も始めるのに遅いってことはないんです。やればやるほど記録が伸びるのがとにかく楽しくて、今年89歳になる今まで、もう17年もバーベルを挙げ続けてきました。

私は、83歳の時にベンチプレスの世界チャンピオン（体重47kg以下、60歳以上の階級※）になりました。２０１５年の全日本選手権では50kgを挙げて、私の階級の日本記録を樹立し、その年の世界大会では45kgを挙げて、世界記録も打ち立てました。

日本でも世界でも、女性では私が最高齢で、ずっと闘い続けてきました。

一昨年には脳梗塞を患い、「もう選手生命も終わりか」と正直なところ思いました。直後には主人に先立たれ、何度も、もうこれ以上は無理かもしれない、闘い続ける気力も目標も湧いてこない。そんな苦しい時期を過ごしました。

しかし、トレーニングジムの人たちや病院の先生、ご近所の皆さんなど周りの人々の支えのお蔭で、気力と体力を少しずつ取り戻し、今は一人暮らしをしていますが、元気にベンチプレスに励んでいます。２０１９年の5月に日本で開催される世界大会では、５つ目の金メダルと世界記録の更新を狙っています。

私が挑んでいるベンチプレスは、パワーリフティングの一種目です。ベンチ台に仰向けに寝て、両手でバーベルを一旦胸まで下ろし、審判の合図で上に持ち挙げ、その重さを競うものです。パラリンピックの正式種目にもなっています。72歳でこのベンチプレスの魅力に取りつかれて以来、とにかくバーベルを挙げるのが楽しくて続けてきました。

続けられた理由は、楽しいことに加えて、もう一つありました。それは、私のような年寄りが頑張っている姿を目にして、皆さんが目を輝かせて「すごいですね！」「年をとってもこんなにできるんですね！」「自分もまだやれる！」「勇気をもらいました」と言って下さったことです。私が頑張ってベンチプレスを続けることで、私と同じお年寄りの人やこれから年をとっていく人たちに、

※２０１７年からは、70歳以上（マスターズ４）という階級が設けられている。

「年をとってもやれるんだ！」

という希望を少しでも持ってもらえたらいいな、という想いが、年を重ねるごとに大きくなっています。この本には、そんな私の想いがたくさん詰まっています。

どんな人であっても、嫌でも老いていきます。私も50歳の時に、両膝を痛めて歩けなくなったことがありました。お医者さんに病名を聞いたら、「老化です」だって（笑）。

でも、それがきっかけで足腰の大切さが身に沁みました。そのお医者さんのアドバイスで膝の周りの筋肉を鍛え、できるだけ歩くようにしたことで両膝はよくなりました。それ以来、足腰を鍛えてきたので、今でも元気で楽しく歩くことができています。

あの時、老化だから仕方ないね、と諦めていたら今の私はありません。私の人生は老化との闘い、自分の限界への挑戦です。でもそれは、そんなに大げさなことではなく、工夫や気持ちの持ち方次第で楽しいものにもできるんです。


「年をとるのを不安に思う必要はないのよ！」

「気持ちまで年をとる必要はない！」

はじめに

「人生なんとかなる！」

これが私の信条です。

この歳になって、人生を振り返ってみると、色々な場面で大切な人の「言葉」が私の生き方に大きな影響を与えてくれていたんだなと、改めて実感しています。

幼少期に厳しく躾けてくれた祖父と母の言葉、ベンチプレス仲間からの励ましの言葉、お世話になった病院の先生の言葉、主人からの言葉等々。縁あった多くの人たちからの言葉が、私に力を与えてくれ、人生に彩りを添えてくれました。

今度は私が、89年の人生で培ったものを言葉にのせて、皆さんにお伝えできたなら、これまでの人生の恩返しになるのではないかなと考えています。

この本を手にしたあなたが、いつまでも元気で、

「人生なんだってできるのよ！」

という明るい気持ちで、日々を楽しく過ごしてくれたら嬉しいです。

二〇一九年四月五日

奥村正子

目次

第1章　ベンチプレスとの出会い

第2章　ベンチプレスがくれた喜び

第3章　食事、睡眠、規則正しい生活

第4章　気持ちが大事！

第5章 外に出よう！

第6章　幸せは心ひとつ ―89年の人生で私が確信したこと―

第7章　私の根幹を作った体験

プロローグ　―脳梗塞と主人の死を乗り越えて―

「ああ、私の人生はもうお終いだ」

「ベンチプレスができなくなるなら、死んでも生きてもどっちでもいいや」

その日、病院のベッドに力なく横たわった私は、そんな投げやりな言葉を口走っていました。

それまでに、私はベンチプレスのマスターズの世界大会で、２０１３年から3年連続で優勝していました。

２０１6年は、思いもよらぬことから金メダルを逃し、雪辱を誓っていた２０１７年の世界大会を約1カ月後に控えた3月に、それは起こりました。

リトアニアで開催される世界大会にエントリーし、お金も支払って、スーツケースに荷物を詰めて、早く世界大会に行きたくてウズウズしていた私でしたが、毎回、世界大会前に必ずしているように精密検査をしたんです。

脳の検査を終えると程なくして、看護師さんが車椅子を押して来ました。

「なに、その車椅子？」

「奥村さん、先生がこれに乗って来て下さいって」

「そんなもん要らないわよ。私、歩けるもん」

「いや、先生が歩いちゃいけないって言ってるんですよ」

「えっ？」


自分では病気の自覚など何もなかったのですが、脳神経外科の主治医の先生にMRI写真を見せられ、脳梗塞の一種の「ラクナ梗塞※」が見つかったと告げられたのでした。

それで即入院。手術の必要はなく、薬の点滴を24時間して治すことになったんです。冒頭のつぶやきは、この入院中の私の本心でした。幸いにも治療はうまく行き、12日間の入院で、なんとか退院できることになりました。

しかし、寝たきりの入院生活で体重は4kgも落ち43kgになってしまいました。ベンチプレスでは体重のコントロールが非常に重要です。体重が少し減っただけで挙げられる重量がだいぶ変わってしまうのです。世界大会直前で4kgの減量は決定的でした。

※ラクナ梗塞：主に高血圧によって細い血管が詰まる脳梗塞で、日本人に最も多いタイプの脳梗塞。

でも、雪辱を誓い、この大会にかけていた私は諦めきれませんでした。まだ世界大会までは20日くらいあったので、どうしても世界大会に行きたかった私は、退院の時に、

「先生、まだ日にちがあるから行ってもいいでしょ？」と聞きました。

先生は、

「今年はダメ」と即座に答えました。

ほんの少し望みがあるかもしれない、それにすがる思いだった私は、目の前が真っ暗になりました。でも、その次の先生の言葉が希望の光をくれたのです。

「奥村さん、まだ先があるでしょ！」

先生のその言葉を聞き、

「90歳近くなる私に、まだ先があると言ってくれた。まだ私に見込みがあるんだ」体の中に力が湧いて来るのを感じました。

「よし、立ち直ろう！」

「私は不死鳥になろう。翼が折れてもいいから不死鳥になろう！」と奮い立ちました。

私は、はやる気持ちを抑えて、先ずは体力の回復に専念し、掃除や徒歩での買い物など日常生活の中で徐々に体を慣らしていき、1カ月程してから練習を再開しました。

ところが、復活したのも束の間、今度は、長年連れ添い、どこへ行くのも一緒だった主人が亡くなってしまったのです。主人は大腸癌で4年間闘病していましたから、いつかはその日が来ることを覚悟はしていました。

それにしても、まさか私がこんな状態の時に逝ってしまうとは…。せっかく立ち直りかけたところでしたが、再びどん底に突き落とされた気持ちでした。どうして…。

そんな中、私の支えになったのが、主人が亡くなる1週間前に遺《のこ》してくれた言葉でした。

「お前と一緒になれて俺は本当に幸せだったよ。有難う」

「お前は目標を持ってベンチをやって来たんだから、怪我をしないで目標を達成してくれよ」

そうだ、いつまでも泣いてなんていられない。主人との約束を達成しないといけない！

主人との約束が私に力をくれました。主人の言葉に背中を押され、私は再びとバーベルと向き合ったのです。

ところが、はやる気持ちとは裏腹に、以前のようにはバーベルを挙げられなくなっていました。その2年前の練習で60kgも挙げたことがあったのに、40kgも挙がらなくなってしまったのです。

一番の難題は、体重を元に戻すことでした。ベンチプレスは体重に左右される競技で、100gでも軽いと思うような重量が挙がりません。それに、ただ太ればいいのではなく、筋肉で太らなければいけないので非常に難しいんです。

体重を早く戻そうと焦った私は、子供の頃から守って来た「腹八分目」の習慣を破ってお腹いっぱい食べました。

さらには、「アイスクリームを食べると太るよ」という甘い誘惑に藁《わら》にもすがる思いで飛びつきました。

結果は、胃を悪くしてしまい逆効果。長い間、胃炎に苦しむこととなりました。

2018年の世界大会が半年後に迫り、追い詰められた私はかなり焦りを感じていました。しかし、焦るばかりで全く結果につながりません。一つ歯車が狂うと、全てがうまくいかない。そんな感じでした。このままではダメだ。私は、一度冷静に自分自身を見つめ直してみることにしました。

先ずは、

「今までやって来て基礎はできているんだから、大丈夫！」

と自分に強く言い聞かせました。

そして、

「もし世界大会で金メダルを取れなくても、試合には25kg挙げられれば出られるんだから、この先も続けることはできる。大それたことは考えずに、今、こうしてバーベルと向き合えていること自体が有難いことなのだから、そのことに感謝をしよう。また一からやり直そう！」と思いました。

そう思った瞬間、不思議と心の底から力が漲《みなぎ》って来るのを感じました。それからは、少しずつですが、体重も挙げられる重量も戻ってきました。

練習中、私を支えたのは、亡くなる前に主人が残してくれた言葉と「まだ先があるでしょ！」という脳の先生の言葉でした。

一進一退しながらも、私はなんとか体重と体力を取り戻していきました。

そして、脳梗塞で入院してから約1年後。私は南アフリカの世界大会で、再びと金メダルに挑戦すべく、バーベルを握りしめていたのです。

第1章　ベンチプレスとの出会い

72歳でベンチプレスと出会う

「人間万事塞翁が馬」って言いますけれど、人生って本当になにが幸いし、なにが災いするか分からないですよね。不思議ですけど、その時は不幸にしか思えなかったことが幸せの種になっていたってことがあるんです。

私がベンチプレスを始めたきっかけは、自動車事故でした。

主人の運転する車で事故に遭い、私は一晩入院しただけで、大したことがありませんでした。

ところが、主人は頸椎《けいつい》をやられて左手が全然動かなくなってしまいました。ズボンのベルトも通せなくなった程でしたが、主人は自動車修理の仕事を休むわけにはいかず、病院に行っては痛み止めの注射をしてもらい、肩や首の痛みを和らげていました。

ある時、アメリカから帰って来た息子が、主人が注射に頼っていることを知り、非常に驚きました。アメリカで生化学の教授をしていた息子は、そういう知識が豊富だったようで、

「お父さん、注射なんかしてたらダメだよ！　運動で治した方がいいよ」と言いました。そして「筋トレ」を強く勧めたのでした。

そこで、主人はリハビリのために近所の住友金属鹿島のトレーニング場に通うことにしました。トレーニング場を管理している人は、とても親切に案内してくれましたが、トレーニング場には、ウエイトトレーニングの器具が置いてあるだけで、教えてくれるような技量を持ったコーチのような人はいませんでした。

そのため、主人は一人で黙々とトレーニングを始めました。私は、主人の付き添いで行っていましたが、主人がやっているのを見ていると実に楽しそうなんです。

それまでの私のスポーツ経験は、米軍基地のキャンプ座間で働いていた時にやっていたクレー射撃と、50歳で両膝を痛めてリハビリのために始めたゴルフだけでしたが、元来体を動かすことが大好きな私は、自分もやってみたくてウズウズしてきました。

そのうちに、主人は台の上に仰向けになると、バーベルを両手で挙げたり下ろしたりを繰り返し始めました。

「面白そう。私もやってみたい！」

私は居ても立ってもいられなくなりました。

「ねえ、あなた、ちょっと私にもやらせて」

「いいよ。でも、重いから気を付けてやりなよ」

私は主人の真似をして台に仰向けになると、バーベルを挙げようと両腕に力を込めました。ところが、バーベルはピクリとも動きません。

「えっ、なんで？　ずいぶん重いのね」

「ハハハ、さすがに20kgは無理だね」

主人は、そう言ってバーベルの左右の重りを少し外してくれました。

「10kgにしたから、やってごらん」

「有難う。よーし今度こそ。せーの、エイ！」

「あっ、動いた。頑張れ！　もう少し。よし、挙がった挙がった！　お前すごいじゃないか！」まるで自分のことのように大喜びしている主人を見上げながら、私は静かに興奮していました。

「なに、この満ち足りた感覚は？　ベンチプレスってこんなに楽しいものなんだ！」

ベンチプレスに出会う前。60代前半の著者と長男の由多加さん、夫の肇さん（右側）

住友金属工業鹿島製鉄所・トレーニング場にて。75歳
（写真提供：鹿嶋市）

その時からです。私がすっかりベンチプレスの虜になってしまったのは。

こうして最初は軽い気持ちで始めたのが、私のベンチプレス人生の始まりでした。

今から17年前、2002年の春のことでした。

ベンチプレスにのめり込む

それからというもの、週に3回から4回、主人と二人でトレーニング場通いが始まりました。1回の練習時間は、4時間程度でした。

主人が色々とトレーニング器具の使い方を教えてくれたのですが、主人も使ったことがないようなものは、他の人がやっているのを二人でじーっと見るんです。

「あの器具ってああやるんだね」

「そうだね。やってみようか!」主人と二人、まるで子供の頃に戻ったように、ワクワクした気持ちでトレーニングに励みました。

ところで、ベンチプレスは「パワーリフティング」の一種目なのですが、パワーリフティングには、ベンチプレスの他にバーベルを担ぎ上げる「スクワット」と、バーベルを引っ張り上げる「デッドリフト」の3種目があります。

3種目全てをやっていた主人からは、

「お前も俺のように、3種目練習したらいいのに」って言われましたけど、

「いいの、私はベンチ（ベンチプレス）だけで。だってベンチが一番面白いんだもん」

私は「ベンチプレス」に一番魅力を感じ、気付いた時にはベンチプレスだけに夢中になっていました。

練習を続けていくうちに、初めてやった時にやっと挙がった10kgは軽々と挙がるようになっていました。挙がらなかった20kgもどうにか挙げられるようになりました。

「今日はこれだけ挙げるぞ！」って決めた重量が挙がると、もう嬉しくて嬉しくて、

「よーし、次はここまで挙げるぞ！」って、どんどんベンチプレスにのめり込んでいったのです。

「あんた、鉄の塊なんか挙げて、なにが面白いの？」などと周囲の皆さんからは、言われたこともありました。

「面白いわよ。だって日常の色んなことを忘れて、なんにも考えずに自分の意識をバーベルにぶつけられるのよ。それが楽しいのよ！」

バーベルは、練習すればやっただけ必ず努力に応えてくれました。バーベルは私の「人生のよき友」となっていったんです。

少しずつ記録が伸びていくのが、とにかく楽しい。ただそれだけでした。まさか、10年後に私が世界一になるなんて、全然考えもしませんでした。

初めての試合で優勝

主人のリハビリは順調に進み、パワーリフティングの勘を段々と掴んだ主人は、パワーリフティングの実業団大会に出られるようになるまでに回復しました。

私が練習を始めて10カ月くらいした頃、私が住む鹿嶋市の隣の神栖《かみす》市で市民ベンチプレス大会が開催され、主人の勧めで初めて試合に出ました。

「へー、パワーリフティングの試合会場ってこんなふうなのね」

75 歳、36kgの日本記録を作った頃
（写真提供：鹿嶋市）

初めての試合会場が珍しく、私は応援に来てくれている主人に子供のように話し掛けました。

「あのベンチ台でやるのね。一人ずつだから、みんなの注目が私に集まるわよ。あー、段々緊張してきた」

初めてで少々舞い上がっていた私に主人は、

「落ち着いてやれば、大丈夫だよ」と励ましてくれました。

自分の番を待つ間は、緊張でドクンドクンと胸が高鳴り、

「挙がらなかったら、どうしよう」

「いや、いつも通りやれば挙がるはず！」

「でも、失敗するかも」

「いや、きっと大丈夫！」

自分の中に後ろ向きと前向きの色々な考えが湧いてきて、落ち着きませんでした。

でも、名前を呼ばれてベンチ台に仰向けになった瞬間、不安は吹っ飛びました。

「とにかく、挙げるだけ！」

そう思うと、普段の練習通り、気持ちをバーベルに思いっきりぶつけました。

なにがなんだかよく分からないままに出た私の初めての試合は、30kgを挙げて優勝。

「始めたばかりで、すごいですね！」と皆さんが褒めてくれました。

審判の女性の方からは、

「奥村さん、このまま続けていったら40kgもすぐに挙がるわよ！」

と言われました。おだてられるとすぐに木に登る性格の私は、彼女の言葉でさらにベンチに夢中になっていきました。

次に出た栃木県での実業団の試合でも優勝しました。その時、河部さんという栃木のパワーリフティング実業団の役員の方が、

「奥村さんぐらい挙げられたら、世界大会で優勝できるよ。世界大会に出たらいいよ。金メダルだよ」って囁《ささや》いたんですね。それを聞いたら嬉しくて、

「よーし、やってやろうじゃないか！」って。

それからです。私の金メダルへの挑戦が始まったのは。

奥が深くて難しいからこそやり甲斐がある

一般的に、日本人女性のベンチプレスの平均重量は20kgだと言われています。だから、一般女性が、自分の体重の半分を挙げられたらすごいと言われます。

ある時、取材で来たカメラマンの30代前半の女性が、体重の半分くらいの25kgに挑戦したことがありました。もう少しのところで挙がらなくて、彼女は悔しがってましたね。でも、平均20kgということを考えたら、そんなもんでしょうね。

ベンチプレスは、ただ単に遊びで挙げるんだったら簡単ですけれども、正確にやると難しいんです。厳しいルールがあって、まず、バーベルのバーには印《しるし》があって、その印を見えないようにして握らないといけません。その印を手のひらの人差し指側にするか小指側にするか、ほんの少し違っただけで挙がらなくなります。

バーベルを挙げる時は、一旦バーを胸の上に下ろして止めて審判の合図があるまで挙げちゃダメ、反動をつけて挙げちゃダメ、挙げている最中に一回下がってまた挙げる二段挙げもダメ、ベンチ台からお尻が離れたらダメ、床から足を浮かせちゃダメ、とにかくものすごく厳しいんです。

バーベルを挙げる時に踏ん張ると頭は自然と台から上がりますが、試合では頭が台から離れてもダメなんですよ。だから、髪の毛が長い人は、台から頭が離れたかどうかが見えないので、審判が見えるように髪を上に上げなければならない規則もあります。細かい規則がたくさんあるんです。簡単なように見えて、実はとても難しくて、奥が深いんですよ。でも、だからこそ面白いし、やり甲斐もあるんです。

尊敬するパラリンピック日本代表・三浦浩さん

「お年寄りを元気に！」という想いで私はベンチプレスを続けて来ましたが、ベンチプレスによりいっそう一生懸命になれたもう一つの理由があります。

それは、ベンチプレスを始めて最初の頃の試合でのこと。三浦浩さんという後《のち》にロンドンとリオのパラリンピック日本代表となる選手と出会ったことでした。

もう10年以上も前のことです。

初めて会った時、三浦さんは車椅子に乗っていました。というのも、三浦さんは、歌手の長渕剛さんの舞台スタッフをやっていた時に、フォークリフトが倒れてきて脊髄《せきずい》を痛めてしまったのだそうです。その三浦さんがバーベルを挙げる姿を初めて目の当たりにして、私は衝撃を受けました。

「この人は両足が不自由でもこうやってベンチプレスの大会に出てる。私は五体満足なんだからやらなきゃいけない。三浦さんを見習わなければいけない！」

その試合の後、車椅子姿の三浦さんと目が合いました。そして、三浦さんの方から話し掛けてくれました。それがきっかけとなり、試合会場で三浦さんとお会いする度に話をするようになったんです。ベンチの経験が豊富な三浦さんが「こうした方がいいよ」ってアドバイスを下さることもあって、有難い限りです。

三浦さんは「一日でも長くやって欲しいです」と私のことをすごく応援してくれているのですが、その三浦さんが、あるテレビ番組で特集されたことがありました。アナウンサーが三浦さんに色々な質問をしていたのですが、

「ベンチプレスをしていて、尊敬する人はいますか？」と聞いた時の答に驚きました。

著者が尊敬しているパラリンピックのベンチプレス日本代表・三浦浩氏（54歳）。
ロンドンパラリンピックで9位。
リオパラリンピックで5位入賞。
135kgの日本記録を持ち、東京パラリンピックではメダルの期待がかかる。

写真提供：西岡浩記

ベンチプレス仲間の三浦浩さんと共に。右側は世界マスターズベンチで17連覇をしている澤千代美選手（60代、84kg級の部）

「奥村正子さんです」って、私の名前を出したんです。

「えっ、なんで私の名前⁉」と思いましたが、三浦さん曰く、

「彼女はレジェンドだ！」だって。三浦さんが盛んに褒めてくれて恥ずかしくて困りました。私はレジェンドでもなんでもないんですよ。普通のおばあさんですから(笑)。

三浦さんだけでなく、足の不自由な人たちがバーベルを挙げるのを見る度に、私は「精神力がすごい！」と勇気をもらっています。

初の世界大会　試合当日の減量苦

主人と二人でコツコツ練習すること10年。

２０１２年、82歳の時に初めて出たマスターズの全日本選手権で優勝し、翌年の世界大会の切符を手に入れました。世界大会とは言っても、費用は個人負担で、行くか行かないかは個人の自由ですが、試しに一回行ってみたいと主人に相談したところ、「なかなか行けるものじゃないから行って来たら」と快く送り出してくれました。

初めての世界大会の舞台は、チェコのプラハでした。私は60歳以上で47kg以下というカテゴリー（階級）での出場でした。

飛行機での長旅も無事に終え、いよいよ試合当日を迎えました。

「しまった！」

朝、ベッドから下りた私は、これはまずいことになったと思いました。なぜなら、いつもより体がすごく重く感じたのです。

「これは明らかに47kgをオーバーしている。どうしよう…」

私は、それまで一度も試合前に減量などしたことがなかったことに加え、初めての世界大会ということで浮かれていて、重量制限のことをすっかり忘れていたのでした。長いフライトの間、食べたり飲んだりを自由に楽しんでいたのが、今さらながら悔やまれました。

「後悔しても始まらない。とにかくできることをやろう」

私は、その日の朝食をとらないことにしました。また、水分も一滴も飲まないことにしました。

「せっかく主人が快く送り出してくれたのに、試合もせずに帰ったら、どんなにガッカリするだろうか…」

もし、検量（体重計測）に通らなければ、チェコまでの道のりも今までの苦労も全てが水の泡です。なんとか1gでも減らそうと、何度もこまめにトイレに行きました。

「減量ってこんなに大変だったのか…」

まさか晴れの世界大会で、こんな苦しみを味わうことになろうとは思ってもみませんでした。時間はどんどん過ぎていきました。

「検量開始です！　47kg級の人は集合して下さい」

「もう、これまで。なるようになるだろう」

私は係の人に案内されて、体重計に向かいました。

「私、ちょっと重いかもしれない」私は検量係のドイツ人の女性にそう言うと、

「頼むから47kgを超えないで！」と祈るような気持ちで、恐る恐る体重計に足を乗せました。次の瞬間、「あなた、良かったわね！」


←初めての世界大会で42.5kgの試技に臨む　（撮影：物江毅）

& WOMEN´S MASTER
IPF
ADVANCE DESIG
ELEIKO
INTERNATIONAL MANUFACTURERS UNION
POWERLIFTING
ELEIKO

検量係のドイツ人女性の声が響きました。なんと針がぴったり47kgで止まったのです。「良かった…」と心底ホッとしている私の傍らで、検量係のドイツ人女性は手を叩いてまるで自分のことのように喜んでくれ、私をハグしてくれました。

「有難う！　有難う！」と私は嬉しさのあまり何度も彼女にお礼を言いました。

「あなた、試合も頑張ってね！」

見ず知らずの私のことで、こんなに喜んでくれるなんて！　お腹を空かしてヘトヘトの私に彼女の温かい気持ちが注がれて、元気が湧いてきました。

表彰台での涙

なんとか検量はパスした私でしたが、初めて経験する世界大会の独特の雰囲気の中、試合に臨む私はとても緊張していました。

ベンチプレスの試合では、3回の試技があります。いずれも自分が申請した重さを挙げるのですが、申請した重さが挙がらなかったからといって、次の試技で軽くはできないんです。失敗した次の時は、失敗した時と同じ重さか、もしくは2・5kg刻みで重くするかのどちらかしか選べないんです。

「1回目は、必ず挙げられる重さにしなければ…。よし、先ずは40kgで行こう」

私は1回目は40kgで申請することに決めました。試合の進行が英語になっただけで普段と変わらない、私はそう自分に言い聞かせました。

　張り詰めた空気の中、私の名前がコールされました。

「とにかく、この1回目が重要。確実に挙げなければ」と思いながら、ベンチ台にゆっくりと向いました。そして、ベンチ台に仰向けになると、ただ挙げることだけに集中しました。「スタート」という審判の合図でバーベルをラックから外し、胸の上で静止させ、次の合図を待ちました。そして、

「プレス」という審判の合図と同時に、

「エイ！」っと一気に持ち挙げました。なんとか無事に成功させ、ホッと胸を撫で下ろしました。

　試技が終わると、次に何キロに挑戦するかをすぐに聞かれます。私は、2回目は

42・5㎏を申請しました。2回目は、1回目を成功させて気が楽になっていたからか、1回目よりも、なんとなく楽に挙げられました。

3回目は、45㎏に思い切って挑戦しましたが、惜しくも挙がりませんでした。結果は42・5㎏で優勝。嬉しかったですね。この時、2位だったチェコ人の女性は、まだ60代の若い方でしたけど、5㎏の大差をつけての勝利でした。

表彰式で表彰台に上がった私に、日本選手団の中の1人の方が、日の丸を渡してくれました。その日の丸を持ちながら「君が代」が流れるのを聞いたら、「ああ、異国で君が代が聞けるなんて幸せだな!」と嬉しくて涙がこぼれました。

私にとって、生涯忘れることのできない瞬間でした。

チェコ人の女性と友達に

この時、2位だったチェコ人の女性は、試合中からなんとなく私を意識していたようで、何回か目が合いました。

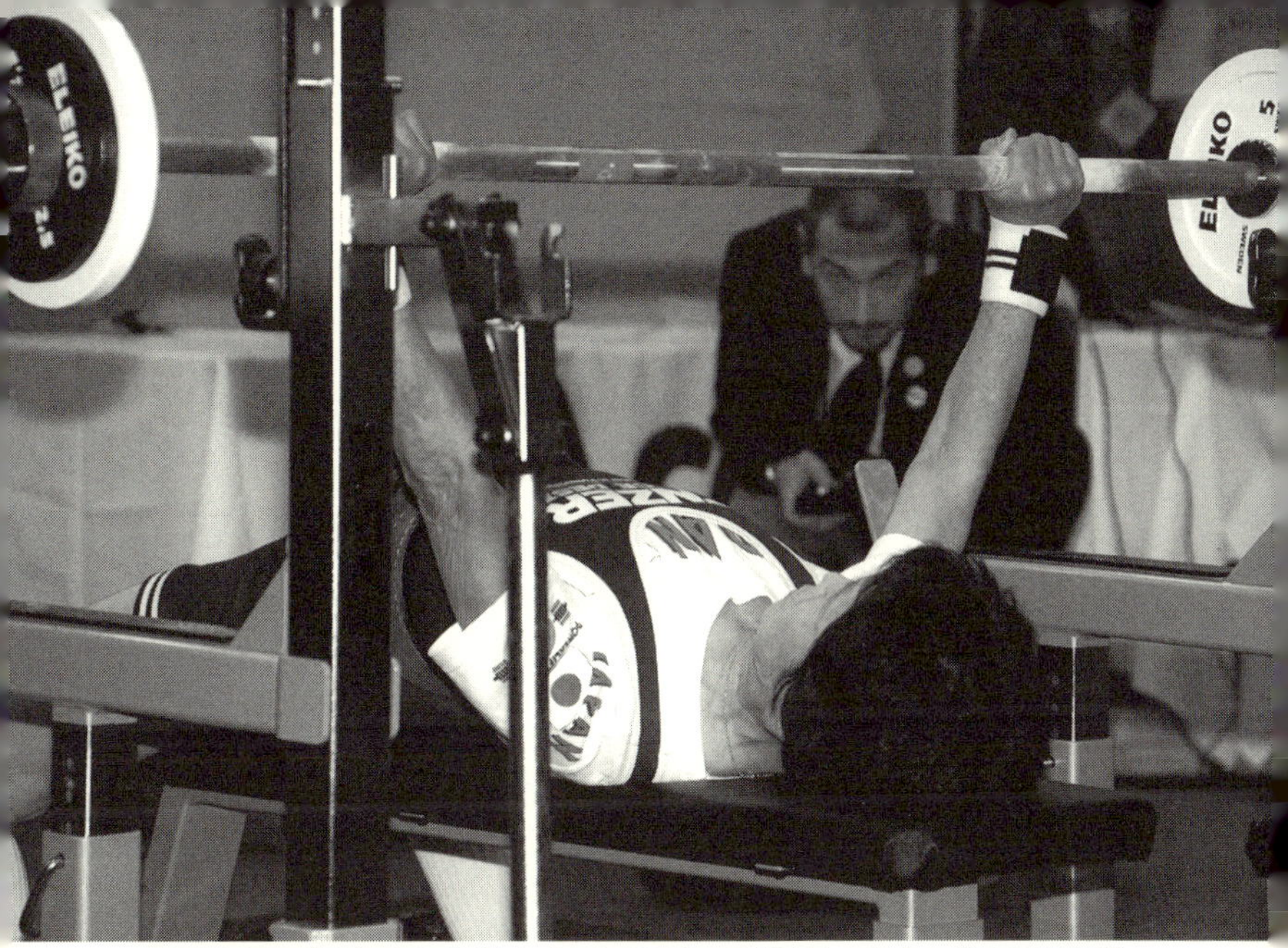

2013 年、初めての世界大会で 42.5kgの試技に成功。奥には審判の鋭い目が光っている

初の世界大会で金メダルを獲得。大会会長（右）と技術委員長のスミス氏（左）

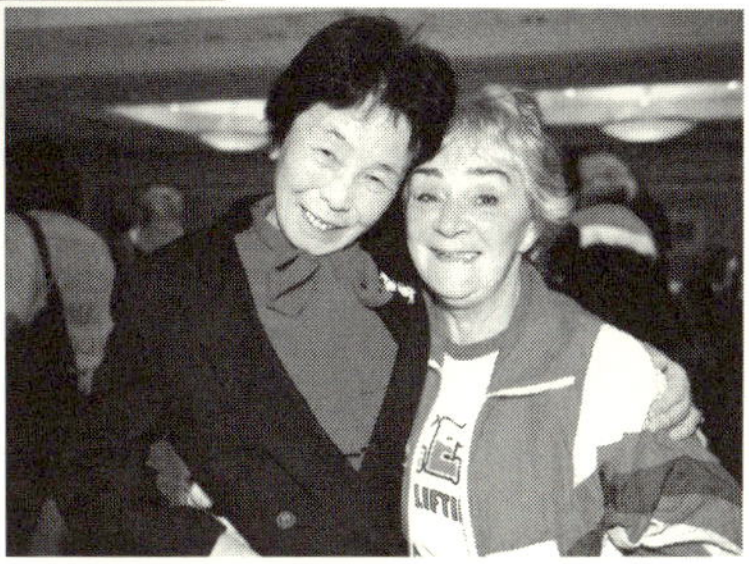

友達になったチェコ人女性と

（撮影：物江毅）

ベンチプレスをしていると不思議なもので、一緒に闘っているライバルではありますが、相手が練習でどれ程の苦労をしているかが自分でもよく分かるので、仲間のような感覚が芽生えるんです。

私の方が重量を挙げているということや、年齢も10歳以上は私の方が上ということもあったと思いますが、試合途中にすれ違った時、チェコ人の彼女が私に向ける眼差しに親しみを感じていました。私の方も「頑張って！」と心の中で彼女を応援していました。

メダルの授与が終わると、その彼女が真っ先に私の所に駆け寄ってくれて、「おめでとう！」と言ってハグをしてくれました。

「有難う！　あなたも頑張ったわね！」

ハグをしながら、お互いの健闘を讃え合いました。彼女は、私が10年前の72歳の時からベンチプレス始めたことを知って、今の自分よりも年上だって驚いていました。

その親しくなったチェコ人の彼女と別れる時、彼女が言いました。

「来年もまた会おうね！」って。私は思わずつられて

「うん、会おうね！」と返答してしまいました。

それで、帰りの飛行機の中でずいぶん悩みました。というのも私は、主人と世界大会は1回きりという約束をして参加していたんです。私は嘘をつくのが大嫌いなので、主人になんて言おうかなとさんざん考えました。

帰宅して、主人に優勝したことを告げると、主人は自分のことのように喜んでくれました。金メダルをしみじみと眺めている主人に、タイミングを見計らって思い切って切り出してみました。

「ねえ、来年の世界大会にも行ってもいい？　向こうで友達になった人とまた会おうねって約束しちゃったの」

「もちろん、いいよ。誰でも行かれるもんじゃないんだから、何回でも行かれるうちに行った方がいいよ」と主人は快く言ってくれました。嬉しかったですね。

初めての世界大会は、金メダル以上に人との出会いという大きな収穫がありました。

デンマーク大会での思わぬ落とし穴

世界大会に出場するには、全て自費での渡航となるので、多い時は40万円くらいかかることもあります。でも、外人さんと話したり、お金に代えられない経験がたくさんできます。

私の場合、幸い主人が理解を示してくれたので、２０１４年のイギリス大会、２０１５年のアメリカ大会にも参加し、金メダルをとることができました。ところが、２０１６年のデンマーク大会では、予期せぬことから連覇が絶たれてしまいました。

それまでの世界大会では、旅行会社の人が気が利く女性で、私が言わなくても私の席を通路側に取ってくれていました。

ところが、デンマーク大会の時は若くて不慣れな添乗員さんで、通路側が取れなかったんです。通路側には、どこの国の人かは分かりませんでしたが、外人の男性が座り、私はその奥でした。

通路側だとトイレに自由に立てるので、水分を自由にとれます。トイレに行ったっ

世界大会３連覇を達成した2015年アメリカ大会にて、日本選手団との記念撮影。前から２列目、右から２人目が著者

新聞　2015年（平成27年）9月6日（日曜日）　茨城　地域の情報　26

茨城

ベンチプレスで世界3連覇

奥村 正子さん（85）

結果 目に見え楽しい

米国で今年四月に開かれた世界マスターズベンチプレス選手権で、七十歳以上の女子47キロ級で優勝し、三連覇を果たした。「周りの人たちに恵まれた結果。年を取っていると、みんなが大事にしてくれるから」と笑顔で語る。

ベンチプレスを始めたのは七十三歳の時。事故に遭った夫のリハビリに付き添い、鹿嶋市内の住友金属工業（現・新日鉄住金）鹿島製鉄所内のスポーツジムに通ったのが、きっかけだった。

同社のパワーリフティング部の練習を見て「面白そう」と興味を持った。見よう見まねで練習し、十カ月後、初めて神栖市の市民大会に出場した。審査員から「公式大会に出てみないか」と声を掛けられ、住金のパワーリフティング部に入部した。

「おだてられて、その気になってしまった。フォームや力の入れ方など技術が大事。最初は重くて無理でも、練習すれば少しずつ持ち上げられるようになる。目に見える結果が出るのが楽しい」

間食も外食もせず、塩分は控えめ、睡眠は必ず七時間以上取る。暑くてもエアコンは使わず、水を多めに飲むよう心掛ける。週二、三回の練習以外も節制し、体重維持と体調管理に気を付けている。

■ 年齢なんか気にしていたら何もできない

おくむら・まさこ
横浜市出身。座間の米

県内の天気

	きょう	あす
日立		
水戸		
土浦		

きょうの予想（水戸）
降水確率
朝30%　昼50%　晩70%
気温

世界大会３連覇を報じる茨城新聞

いでに機内を歩き回れるし、広い所があると足のストレッチをしたり体も動かせます。そうしてきたから、それまでは長時間の飛行でも、特に問題はありませんでした。

ところが、奥の席だと通路側の人にしょっちゅう立ってくれとは言えないので、席を立てないいんです。

そうすると、どうなるかというと、水分を飲むのがおろそかになってしまうんです。水分をとらないのが、一番いけないいんですよね。

私は、隣の外国人男性に「悪いけど、私、レストルームに行きたいんだけど」って思い切って言いました。もちろん彼は立ってくれました。

ところが、トイレから出て飛行機の中を「さあ、歩こう」と思って、ひょっと自分の席の方を見たら、立ってくれた男性が席に座らないで待ってたんですよ。これには正直困りました。私はやっぱり昔の日本人なんでしょうね。人にすごく気を使うので、その姿を見たら「席を立って欲しい」って、それ以降言えなくなってしまったのです。トイレに行けないから水を飲むのを控えてしまったわけです。

ホテルに着いたら、急に足が攣《つ》ってしまって、酷くて立っていられなくなってしまいました。しかも悪いことに、デンマークの時は、到着した翌日が試合だったんです。だいたいは中一日あるんですけれど、次の日だったんです。

一晩休んでなんとか治ったので、試合会場に行きベンチ台に寝たまでは良かったんです。審判の「プレス！」の合図で、いざ45㎏のバーベルを挙げようとした瞬間、また足が攣ってしまって、全然踏ん張りがきかなくなりました。そのため仰向けに寝た位置をうまく固定できず、挙げている途中でバーをラックに当ててしまい失敗してしまいました。二回目、三回目も45㎏を挙げられずに、金メダルを逃してしまったんです。

悔しかったですね。水分補給がいかに大事かが、心底身に沁みた出来事でした。

観客のスタンディングオベーション

２０１６年の雪辱を期した翌２０１７年の世界大会は、脳梗塞の治療で入院し断念せざるを得ませんでした。翌２０１８年、世界大会の舞台は南アフリカで、飛行機とバスを乗り継いで合計30時間もの長旅でした。

ベンチプレスは、世界ではけっこう人気があるので、世界大会には35カ国くらいから多くの選手が参加し、観客も多く集まります。

試合当日、会場に一歩足を踏み入れた私は、

「またこの世界の舞台に帰って来れたんだ!」と、喜びを噛み締めました。

しかし、感慨にふける暇もなく、私の試合が迫っていました。

世界大会の試合の時には、必ずどこでもそうですが、ベンチ台につく前に名前と国名と何kg級かがコールされます。

久しぶりの世界大会で、早く1回目の試技に臨みたい私は、コールされるのを今か今かと待っていました。私の傍らには、係員が手を水平にして私を制止しています。

「マサコオクムラ、ジャパン、47キロ」

コールされたのを聞いて「さあ行こう!」と一歩踏み出そうとしたその瞬間でした。

「彼女は88歳です」というアナウンスが場内に響きました。

それを聞いた観客がウワーッと盛り上がり、いっせいにスタンディングオベーションをしてくれたんです。

2018 年の世界大会で試技に臨む（88 歳）　（写真提供：物江毅）

南アフリカの世界大会で 42.5kgを成功させる　（写真提供：物江毅）

「みんなが私を応援してくれているんだ！」

私は胸が熱くなりました。金メダルで表彰されるよりも嬉しかったですね。

私はそんな観客の声援を受けながら、ベンチ台につきました。そして、フーッと一息つきながら会場の天井を眺めました。そして、亡き主人に心の中で呼び掛けました。

「あんた、一緒に挙げるよ！　エイ！」

35kgのバーベルは、楽々と挙がりました。続いて2回目は40kg、3回目は42・5kgと全ての試技を成功させて、２０１５年以来の復活優勝を遂げたのです。

「お父ちゃん、あんたのお蔭でまた金メダルとれたよ！」

表彰台の上で、私は主人に語り掛けていました。

ところで、試合後にちょっと困ったことが起こりました。

「彼女は88歳です」というアナウンスで私が注目されたので、大勢の人たちがサインをせがんできたのです。私はサインなんて一度もしたことがありません。

「私、サインはできないの。ごめんなさい」と告げたところ、

「じゃあ、握手して下さい！」と言われて、皆さんと次々と握手をしました。

「おめでとう！」

「これからも頑張って！」

「あなたに勇気をもらったわ。有難う！」

温かい励ましの言葉と共に、一人ひとりの手のぬくもりが伝わってきて、胸がいっぱいになりました。こういう感動があるから、ベンチプレスはやめられないんです。

チェコ人女性との再会

無事に金メダルをとってホッとして「さあ、日本の選手の応援をしよう」と思っていた時でした。見覚えのある女性が、ニコニコしながら私に近づいてきました。なんとあのチェコ人のお友達でした。

彼女に気付いて私がニコッとするや否や、彼女は私に抱きつき、

「会いたかった。元気だった？　去年会えるかと思って楽しみにしてたのよ。どうして来なかったの？」と一息に話しました。

「去年は病気の治療で来たかったけど、来られなかったの。でも、どうしてあなたここにいるの？　試合の時に目にしなかったけど」と私が不思議がって聞くと、

「私は、今回は大会のスタッフで来たの」

彼女はそう言うと、私の似顔絵と手作りしたというペンダントをプレゼントだと言って渡してくれました。

「これは去年のリトアニアの世界大会であなたに会えると思って持って行ったんだけど、会えなかったから一年越しのプレゼントなの。今年もあなたの名前がエントリーされたから、今度こそ会えると思って、とっても楽しみにしていたの！」

嬉しかったですね。私のことをずっと想っていてくれていたと聞いて。

「有難う！　本当に有難う！」

彼女にお礼を伝えながら、なにかお返しができないかなと考えました。私は、つけていたイヤリングをその場で外しました。

「ごめんね、これしかなくて。これを私だと思って使ってね」

「えっ、こんな高価なものをいいの！　有難う！」

南アフリカの世界大会で４つ目の金メダルを獲得（写真提供：物江毅）

チェコ人の友達との再会を喜ぶ　（写真提供：物江毅）

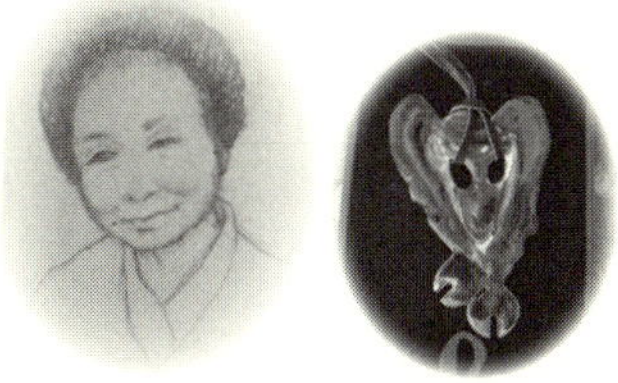

チェコ人の友達からプレゼントされた似顔絵と手作りペンダントは大切な宝物となった

彼女はイヤリングを喜んで受け取ってくれました。初めて会ってから、年に1回、世界大会の時に会うのを楽しみにしていた彼女との2年ぶりの再会に、積もる話をたくさんしました。

今度はちゃんとお礼をしたいと思った私は、彼女と別れる時に、

「来年の世界大会は日本だから、ぜひ日本に来てね！」と誘いました。

ところが、彼女はちょっと寂しそうな顔をして「行かれない」って言うんです。

「なんで？」

「行きたいけど、お金がかかるから行かれない」

私は、それ以上は無理に誘えませんでした。世界大会に行くには、けっこうお金がかかるんです。来られなくても仕方がないんです。それが少し残念なんですけどね。でも、２０２０年の世界大会はチェコですから「彼女に会えるかもしれない！」という夢があります。その時私は90歳ですから、どうなるか分かりませんけれども、行かれたら行きたいですね。

私は、ベンチプレスを通した人との出会いを本当に楽しみにしているんです。

「あなたならできる！」に励まされて

　2018年の南アフリカ大会が終わって、帰りの日、朝6時出発でホテルのロビーに集まりました。するとそこに、世界パワーリフティング協会・技術委員長のスミスさんの姿がありました。スミスさんが、わざわざ私に
「来年（2019年）は日本だから会おうね」って言いに来てくれたのでした。

　楽しかった試合も終わり、想い出がたくさんできた所を離れなければならないという感傷からでしょうか、せっかくの彼の言葉に、私は首を縦に振れませんでした。

　それと、私たちぐらいの年齢になると、明日は分からないということもあって、返事ができなかったんです。すると彼が、

「どうしたんだい？」って聞いてきたので、

「スミスさん、分かるでしょ。私は来年89歳です。だから、できるかどうか分からない」って言いました。するとスミスさんが満面の笑みをたたえて、

「あなたならできる！」って励ましてくれたんです。

「そう思う？」って聞き返したら、

「もちろんだよ！」って力強く言いました。

その言葉に、さっきまでの感傷はどこへやら、

「OK！　よーし、やってやろう！」って、またまたやる気に火が付いたのです。

別のホテルからわざわざ見送りに来てくれて、そんな温かい言葉で励ましてくれるというのは有難いですよね。だから、私はまたやらなければいけないんです。大変なんですよ（笑）。そういう人とのやりとりがまた楽しいんですよね。

「そっか〜、あたしできるんだ。じゃあやろうか！」って。

私は言葉に弱いんです。言葉の魔術にみんな引っ掛かっちゃうんです（笑）。私はよく言ってるんですけど「木に登る豚」ですから、その気になっちゃったわけです。

でも、「あなたならできる！」って言われてごらんなさい。

「できる！」って思っちゃいますよ。

だから、言葉というのは大事だなって私はつくづく思っています。

第2章

ベンチプレスがくれた喜び

一人ではできない、皆さんに感謝

私が、こうやってベンチプレスを続けていられるのも、周りの皆さんが一生懸命に協力してくれるからです。よく私のことを「すごい！」と言う人がいるんですけど、私がすごいんじゃなくて、皆さんが温かい気持ちで応援してくれるからできるんです。自分一人だったら、とてもできません。

例えば、今のジム（茨城県水戸市）に通い始めてもう少しで丸5年になりますけど、会長さんがとても親切に指導してくれて、会長さんの奥さんも親切にしてくれる。また、李さんというコーチにも巡り会えて、懇切丁寧に指導してくれる。お蔭で、一人でやっていた時には挙がらなかった重量を挙げられるようにもなりました。

李さんは、ちょうど私の30歳年下ですが、ベンチプレスの鍛錬を続けていて、私と一緒にマスターズの試合に出ることも多いので、本当に心強いんです。

李さんは、男性の体重60kg・50歳台のクラスで、50代半ばの頃に全日本で優勝したこともある実力者です。李さんが元獣医で私は午年《うまどし》でしょ。だから私を馬のつもりで

著者が通う水戸市のジム「オリバ」にて。ジムの会長・神白氏に筋肉をほぐしてもらいリラックス。会長の温かい人柄でジム内はいつも明るい雰囲気に包まれている

厳しく指導してくれています（笑）。

ジムに通って来る人たちも皆、親切にしてくれるんです。今のジムとの縁を下さった方にも感謝ですしね。本当に周りの人に恵まれている。

かかりつけの小山記念病院でも、院長先生をはじめ主治医の先生方や薬剤師さんや看護師の方まで皆さん応援してくれて、一生懸命に健康管理のアドバイスを下さる。

鹿嶋の市役所でも、市長さんをはじめ皆さんが応援してくれています。市長さんから応援メッセージが入った日の丸をプレゼントしてもらったので、試合の時には必ず持って歩いています。みんなのエールがいっぱい入ってるから。有難いですよね。

近所の交番のお巡りさんも気にしてくれて、時々「元気ですか？」って見回りに来て下さるし、お隣さんも気遣ってくれて、私が普段開けている窓が開いていなかったりすると、わざわざ声を掛けて下さる。都会では「隣は死んでも分からない」なんて言いますけれども、私は皆さんの目が光ってるから安心（笑）。

鹿嶋という所は、土地柄でしょうか、昔の日本的な人付き合いが割り合いに残っていて、皆さん気持ちが温かい人が多いんですよ。

練習でも試合でも愛用しているベルトには、橋本先生（内科）と河合先生（脳神経外科）の励ましの言葉が書かれている。「先生方のサインがしてあるので、その分力が入る気がするの」と著者

2018 年の南アフリカでの世界大会を終えて。ぬいぐるみについている日の丸は、鹿嶋市の錦織市長からプレゼントされたもので、「地元の誉。頑張って下さい　鹿嶋市長 錦織孝一」「ご活躍をお祈りしています　鹿嶋市教育長 川村等」との応援メッセージ入り

ある時、練習から帰ったらさつま芋の10kg箱が家の前にドーンと置いてあったの。私一人ではとても食べきれなかったので、腐らないうちにご近所にお裾分けしました。そんなに深いお付き合いをしていないのに、そうやってものを運んでくれる。昔の日本がそうでしたけど、日本人には潜在的にそういった人と人とのつながり、優しさを求めている所があるのかもしれないですね。

私はつくづく恵まれているなと思っています。皆さんから親切にしてもらっていることには、ただただ感謝しかありません。

私ができることは、少しでも皆さんにしてあげようと思って日々を過ごしています。

ジムでの交流で活力を得る

ジムでは、よく若い男性が上半身を裸になってトレーニングをしているんです。私はそんなのを見ると

「そんなに人に肉体美を見せつけないでよ！」なんて冗談を言ってかまうんですけど。

時には厳しく、時には優しく指導するコーチの李炳八氏

著者に憧れている女性練習生がデッドを引くのを見守る

ジムの練習生との楽しい会話

そういう若い人たちとの交流が楽しくて、自分も若くいられる。

　若いのにのそのそやっているのを見ると、

「なにやってんの！　あんた私の歳の何分の一でしょ。もっとしっかりしなさい！」

なんてハッパをかけるんです。言われた人は、

「負けてられない！」って張り合いが出るようです。

　ジムには中年の方も通っていますが、皆さんが、

「奥村さんが目標だ」って言って下さいます。

　特に中年の方たちは、年齢的に肉体の衰えを感じているんでしょうね。私が頑張っているのを見ると、「よーし！」っていう気になるみたい。中年の方たちがそうやって目標にして頑張っているのを見ると、こっちだって嬉しくなります。

　また、試合の後にジムに行くと、

「奥村さん、優勝おめでとうございます！」なんて皆さんがお祝いして下さる。私の年齢だったら、一般的に言ったら家に居て、お嫁さんやお孫さんに囲まれていますよね。ジムの人たちは、私を一人の人間として付き合ってくれていて、全然年寄り扱い

しないもの。それが嬉しいんです。

ジムの会長さんは、私のことを「正子ちゃん」って下の名前で呼びますからね。この歳になって下の名前で呼ばれるなんて滅多にないですから（笑）。そうやって年寄り扱いしないのが嬉しいですよね。

試合に出るからには負けたくない

やっぱり試合に出るからには、負けたくないですね。

２０１８年の全日本選手権では、全日本に初出場だという小林さんという85歳の選手と競いました。小林さんは、千葉のベンチプレス協会の方から「奥村さんというもう少しで90歳になる人が出てるから、あなたにもできるから」と勧められて、初めて試合に出たんだそうです。勧められたにせよ、小林さんのその挑戦する意欲というのは素晴らしいことだと思いました。

彼女は、私のことを年齢的にいって自分と同じくらい腰が曲がっている人だろうと思っていたらしいのですが、私が全然腰が曲がってないのを見て、「私の想像と違ってました！」ってビックリしていました。

小林さんに勝てたから良かったんですけど。やっぱり試合に出るからには勝ちたいですよね。やっぱりスポーツって、1番を目指して本気になってやるから楽しいんじゃないでしょうか。本気でやるからこそ、結果的に2番や3番だったとしても充実感を味わえるんです。

以前、国会議員の蓮舫さんが「2位じゃダメなんでしょうか？」なんて言ってましたけど、やっぱり1番を目指す気持ちでやらないと結果もついて来ないと思うんですよね。最初から2番でいいやとか、負けてもいいやという気持ちでやっていたら、充実感や満足感は得られないと思うんです。

私は今まで1番を続けてきたので、やっぱりこれからも1番を目指したいですね。でも、ライバルと言いますか、こうやって競い合ってくれる方の存在というのは、本当に有難いです。「切磋琢磨」っていう言葉がありますけど、負けたくないという思いで頑張れるから、自分の力が引き出されるような気がします。だから、小林さんもいつまでも元気で試合に出続けてくれたらいいなって思っています。

ベンチプレスは体重が命

私にとっては、食べることが本当に大切なんですよ。というのもベンチプレスは、基本的に体重が重いほど重量を挙げられるからなんです。私は47kg以下のクラスですので、47kgギリギリを維持しておくのが一番理想なんです。ベストです。

私の体重のベターは46kg８００～９００gです。47kgギリギリの線が一番挙がります。そうすると50kgは挙がります。体重によって全然違います。

ところが、２０１８年の夏はあまりの暑さで食欲も落ちて、４月末の南アフリカの世界大会の時に47kgあった体重が、夏の間に４kg減って、43kgまで落ちてしまったんです。４kg落ちると、挙げられる重量がうんと違ってきます。

５００g程度だったら二日ぐらいで調整できますが、43kgまで落ちると体重がなかなか戻らないんです。

43kgになった時は、鏡の前に立つとシワだらけで嫌でした。ハリがない。なにより、ベンチプレスの一番のポイントの胸の大胸筋が落ちてしまうんです。

なんとか体重を増やそうと努力しましたけど、その年の10月の全日本大会では、洋服を着て検量して45kgですから、実際には44kgあるかないかぐらいだったんでしょう。バーベルも40kgしか挙がりませんでした。そのくらい体重が落ちてしまうと、重量アップを補助してくれるはずのベンチシャツが、ブカブカで全然効かなくなるんです。

２０１５年の全日本で50kgの新記録を作った時は、普段の体重は47kgを超えていました。その2～3カ月後くらいには、ジムで60kgを挙げています。これは非公式ながら自己最高記録です。その時も体重は47kgちょっと手前ぐらいでした。

その頃は絶好調でした。60kgを挙げるのは「心技体」じゃないですけど、よっぽど全部揃わないと無理ですね。体重だけではなく、メンタルの面も重要です。

私はよく、年をとってからの老化の度合いは一年でずいぶん違うって言ってますけど、割り合いに運動をやっているとそんなに変わらないですよ。

もっとも、私は変わらないように努力はしていますけどね。

でも、普通でしたら脳梗塞のような大病をしたらダメになってしまうんでしょうけど、また復活してやれているっていうのは嬉しいですよね。ただただ感謝ですね。

高齢者でもできる生涯スポーツ

私はテレビ出演や雑誌掲載などの依頼がくると、できるだけ引き受けるようにしています。それは、

「お年寄りに少しでも運動してもらって、元気になってもらいたい！」

という想いからなんです。

私が最近よく言っているのは「スポーツは若い人だけのものじゃない」ってこと。年寄りだってスポーツをするということを、もう少しマスコミは宣伝してくれたらいいなと思います。そうすれば、もっとお年寄りの皆さんもやる気になるでしょうね。

テレビの影響力ってすごいんですよ。

私が頑張っている姿が全国に流れるでしょ。それで、私を観てベンチプレスをやっ

てみよう、試合に出てみようっていう高齢の方がどんどん増えてきているんですって。

ベンチプレスは、マイナーと言ってもパラリンピックの正式種目ですし、競技人口は、おそらくウエイトリフティング（立った姿勢からバーベルを両手で頭上に持ち挙げ、その重量を競う競技）より上だと思います。なぜかというと高齢者でもできるスポーツだからなんです。瞬発力の必要なスポーツは、若い時でないとなかなかできませんけど、ベンチプレスは筋力を競うスポーツなので、高齢になってもできるんです。高齢になっても筋力は鍛えれば上がりますからね。

相手がいなくてもできるし、そういった意味では生涯スポーツとしては、とても良い種目なんですよ。

長渕剛さんの「とんぼ」で気合を入れる

人と人とのつながりって不思議なものがあると思います。実は私は、長渕剛さんの歌が大好きなんです。好きになったきっかけは「乾杯」を聴いたこと。長渕さんの歌は、

志穂美悦子さんと。東日本大震災の被災地やチベット難民キャンプなどへの支援活動も積極的に行なっている志穂美さんを著者は蔭ながら応援している

歌詞がいいんですよ。惚れた腫れたではなく、硬派で昔の日本人の心を歌っているのが好きなんです。

一番のお気に入りの「とんぼ」は、しょっちゅう聴いています。電車の移動の時に、iPodで聴いたり、もちろん試合前にも聴いて気合を入れます。とにかく、長渕さんの歌を聴いていると元気が出て来るんです。だから、長渕さんの舞台スタッフだった三浦さんと出会ったのには、なにか不思議な縁を感じましたね。

長渕さんの奥さんの志穂美悦子さんは、ベンチプレスの試合に出ていて、三浦さんの紹介で友達になりました。

悦ちゃんは、ベンチプレスの大会で会うと「私も奥村さんを目標にしてやってます！」なんて、嬉しいことを言ってくれるんです。

悦ちゃんは、世界遺産・薬師寺の「東院堂」にお花を奉納したり、今はお花の世界で大活躍してますけど、以前、私が陶芸をやっていた頃に、悦ちゃんのフラワーアレンジメントと私の陶芸とでコラボやろうっていう話もあったんです。私が陶芸をやめてしまったので、残念ながら実現はできませんでしたけど。

ベンチプレスをしていることで、色々な方と出会うことができ、色々なことを吸収できるというのは嬉しいですよね。

夢は東京オリンピックの「聖火ランナー」

私は、ベンチプレスを始めた時から絶えず目標を三つ持ってやってきました。

一つ目の目標は一番近いベンチプレスの試合、

次の目標はその次の試合、

そして最後の目標は、私が90歳の時の東京オリンピックで「聖火ランナー」として走ること。これが私の最後の望みなんです。

90歳の私が走る姿で「昭和の一番苦難の時代を共に生きて来た人たちに元気で長生きしてもらいたい！　日本中の皆さんに元気になってもらいたい！」という想いを伝えられたらいいなと思っています。

それと、私の住んでいる鹿嶋市には、鹿島アントラーズの本拠地のサッカースタジアムがあります。そこが東京オリンピックのサッカー会場になるので、聖火ランナーを務めることで、鹿嶋市にも恩返しができたら幸せだなと思っているんです。

２０１８年の暮れには、東京オリンピック・パラリンピックを応援しているテレビ朝日系列で毎週日曜あさ放送の「ＴＯＫＹＯ応援宣言（サンデーＬＩＶＥ!!内）」の できる宣言の取材で、スポーツキャスターの松岡修造さんが、私の通うジムまで応援に駆けつけてくれました。

松岡さんは、私の練習を見学し、対談もしました。

実は、テレビ局の方から私に会いたい人がいるということは以前から聞いていたんですけど、誰なのかは聞いていなかったんです。

聞かないまま、忙しくてずっとお会いできなかったんですが、あの松岡修造さんだと聞いて、ビックリしました。

相手が松岡さんだと分かって、うまく話せるか心配で、返答にはずいぶん悩みました。それで、周りの皆さんに相談したんですが、皆さんが、

「普段のまんまの元気印を出せばいいんだよ」

って背中を押してくれて、思い切ってお受けすることにしたんです。

お会いした松岡さんは、テレビと同じでにこやかでテンションが高く、

「本物のアスリートってこんなふうに高いテンションを維持しているのか！」

と驚くと共に元気を頂きました。私も松岡さんの若々しくてパワフルなところを見習いたいですね。

松岡さんから応援してもらったことで、聖火ランナーの夢に一歩近づいた気がします。

たとえ5メートルでもいいからトーチを持って走ってみたいですね。

テレビ朝日系列「TOKYO応援宣言（サンデーLIVE‼内）」のできる宣言の取材時に、松岡修造さんから激励を受ける。「90歳までバーベルを挙げ続け日本のお年寄りを元気にする！」と宣言した著者は、「松岡さんからパワーを頂き、世界大会に向けて頑張ります！」と意気込みを語った

松岡修造さんの質問に笑顔で受け答え

「100歳まで頑張って!」の声に力をもらう

私は、83歳で初めて世界大会に出て優勝した時から、ずっと女性では最高齢としてやってきました。来年（2020年）には、90歳になりますが、試合では80歳以上とか90歳以上という階級はないので、70歳以上の階級に出ざるを得ません。もっとも、2017年に70歳以上のクラスができるまでは、60歳以上という括りで競ってきました。私がいるので、70歳以上のクラスができたと聞いています。

コーチの李さんに言わせると、私はベンチプレスで高齢者に道を拓いた「パイオニア」だけれども、これからは「追われる立場」になるんですって。

私の当面の目標は、今度（2019年）の世界大会で、50kgの世界記録を打ち立てることです。いくら全日本で50kgを挙げても、世界大会で挙げないと世界記録としては認められないので、どうしても今度の世界大会で50kgを挙げたいんです。

そんな私の気持ちを察した薬剤師の先生が、プロテインをプレゼントしてくれ、最善の摂り方を考えてくれました。皆さんそうやって私の夢に協力してくれるので、な

2016 年、男性ベンチプレスの世界一の長寿であるスヴェンド選手（当時 93 歳、デンマーク人）と共に。左は著者の信頼が厚い伊佐川選手
（写真提供：物江毅）

ベンチプレスには、実は足腰の力が重要だとスクワットにも力を入れている著者。
バーのみ（20kg）を８回上げて体を慣らした後は、25kg、30kg、35kg、40kg、45kgと５kg刻みで重量を増やす。
各重量を８回ずつ担ぎ上げるのがルーティン

んとかその期待に応えたい。そして、金メダルを5つ取って、90歳でやめようと思ってやってきました。90歳というのは、年齢的にもちょうどいい区切りですから。

ところが、周りの皆さんが、

「奥村さん、90過ぎてもやった方がいいよ」って言うので、実はどうしようかと迷いもあるんですよ。というのも、2019年の世界大会で世界記録の更新を狙うのと、90歳以上になっても続けようと思うのでは、鍛え方が違ってくるんです。

年寄りだって色々と人生の選択があって大変なのよ（笑）。私たちの年齢になると、いつまで生きられるかの保証はありません。だけど、今、私の周りの人たちから

「奥村さん90歳じゃないよ、100歳だよ。100歳まで頑張って！」と言われると、「よーし！　100歳まで頑張ろう！」という思いにもなってきます。でも、皆さんの応援に応えるためには、やっぱりそれ相応の努力が必要となります。

「100歳までという課題をどうやってクリアしようかな？」

って考えると、日々過ごすのが難しいんですよ。でも、難しいからこそやり甲斐もあります。そして、それがまた楽しみでもあるんです（笑）。

第3章

食事、睡眠、規則正しい生活

挑戦に必要なのは食事、睡眠、規則正しい生活

私のように年をとってからの挑戦に必要なのは、

「食事」

「睡眠」

「規則正しい生活」

これらをきちんと続けていれば、やりたいことに挑戦できるんじゃないかと思います。

人生100年時代だったらなおさら「食事」「睡眠」「規則正しい生活」を気を付けないといけないと思います。

お年寄りが皆、寝たきりになっていたんじゃしょうがないでしょ。やっぱりいくつになっても元気でやらないとね。そのためには、規則正しい生活が大切だと思います。

私は起床は毎朝４時半から５時です。人間の体って本当に良くできていると思うんですが、長年続けてきたものは習慣になってしまっていて、別段意識しなくてもできるんですよね。だから、４時半から５時には自然と目が覚めるようになっています。起きたら、体重と血圧を測って表につけ、トイレに行って、新聞を取ってきます。主人が亡くなってからは、朝の挨拶で主人にお線香をあげて、その日の予定を主人に報告します。

その後、コーヒーを淹れたら、まず主人に上げて、一服しながら新聞にざっと目を通します。

６時頃から食事の準備をして、６時半から7時に朝食です。これが60歳過ぎくらいからの日課で、主人が亡くなるまでは一緒にやってきました。もうずーっと３６５日、同じことをやっています。

ちょっと落ち着いたら、シャワーを浴びて、頭を洗って身体を石鹸で洗う。

練習のある日は、朝8時に家を出て、８時半の電車に乗って、帰宅は午後3時頃。

お昼は、午後2時から3時の間と決めています。なぜ、昼食がこんなに遅くなるかというと、トレーニングジムに行く日は、朝の10時から午後1時まで練習するので、昼食は弁当を持って行って帰りの電車の中で食べるんです。練習のある日とない日で、お昼の時間がバラバラになってしまうと体調を整えるのが難しいので、練習のない日も練習のある日に合わせて、その時間にしているんです。

それで、夕方5時から6時には、お風呂に入ります。この時は、体を温めるために湯船に浸かっています。お湯の温度はだいたい39度。寒くても40度には滅多にしません。10分ぐらいぼけーっと浸かってから上がります。この習慣も長い間、ずーっと同じです。

お友達からは、

「あんたの真似はできない」って言われてますけど、長い習慣で、昨日や今日やったことじゃないですからね。逆に言うと、なにか一つでもやらないと落ち着きません。

私の場合、習慣でずっと規則正しい生活をしてますけど、結果的に目標達成のためには、この習慣がとても役立っていると思います。トップアスリートと言われる人たちは、徹底した自己管理をしてるって聞きますけど、私は基本的に子供の時に躾けら

楽しんでやるのが料理のコツ。料理を楽しむことが「老化予防」にもつながっている

れたことをただ守っているだけで、自然と自己管理ができてしまってるんですよね。だから、夜も8時くらいには寝てしまいます。どんなに良いテレビをやっていても9時には寝ることにしています。やっぱり、夜更かしをしたりして体調を崩していたら、目標があってもやる気がなくなってしまうでしょ。

若ければリズムが狂っても取り戻せますけど、年をとったらそうはいかない。だから、目標を達成するためには、若い時以上に「規則正しい生活」「食事」「睡眠」がとてもに大切になってくるんです。

食べることを真剣に考える

自分を大事にするとは、体を健康に保つということです。

では、自分の体を健康に保つにはどうしたらよいかというと「食べること」だと私は言っています。私は、「食事」イコール「自分」だと思っています。皆さんに、もっと食べることを真剣に考えてもらいたいですね。

私は、徹底して節制してます。だから、出来合いの物を買って食べることはまずないです。良い材料を買ってきて、一人暮らしになった今も全部自分で料理しています。

料理って、材料は同じでも色々な食べ方があるから割り合いに頭を使わなければいけないでしょ。考えながら作ると、楽しいんですよ。

それから、皆さん安いという理由だけで安いレストランに行ったり、安い食材を買っていますけど、私の考えでは、これが決して正しいとは言いませんが、安いものは良い材料を使っているわけがないんですよ。

私は、安心できる素材を選ぶので買い物にはやっぱり時間がかかりますね。国産以外は買わないようにしています。

私は朝食に一番重きを置いています。皆さんの夕食が私の朝食です。だから朝から、焼き肉、ステーキ、カレー、シチュー、天ぷらなどのボリュームのあるものを野菜と共にしっかりとっています。野菜や果物は、旬のものが最高ですね。

「よく朝から天ぷら入るわね」なんて人には言われますけど、好きだし、美味しいんですよ。

昼は主にパン食です。パンにレバーペーストをつけて、レタスを挟んで食べると、美味しいだけでなく、タンパク質やビタミン、ミネラルの補給にもってこいです。

夕食は、胃を休めるために基本的に食べません。ただ、寝る前に牛乳に蜂蜜を入れて温めて飲むこともあります。

食事は「一口40回噛む」と決めています。だから、外では食べたくありません。よく噛むと時間がかかるでしょ。よく噛むのは別に消化のことを考えているわけじゃないんです。子供の時に「よく噛んで食べなさい」って躾けられましたでしょ。だからそれを守ってるんです。

ただ、よく噛んでいるからか、今まで便秘なんかしたことないですよ。「自分の体は自分で守らなければいけない。人が守ってくれるもんじゃない」って思っていますから、どこに行くのでもお弁当を持って歩いてるんです。トレーニングジムに行った時も、帰りの電車の中でお弁当を食べるんです。

子供の頃に躾けられた「腹八分目」も守ってます。でも、よく考えると、年を重ねると胃が小さくなるでしょ。それの八分目というとだいぶ減ってしまうんですよ(笑)。それでも、今でもやっぱり腹八分目で、お腹いっぱい食べるってことはまずないですね。ただ、ベンチプレスは体重を維持しないといけないので、それが困るんです。美味しいから食べます、不味いから食べませんというと体重に波ができてしまう。それではダメなわけ。だから、毎日平均して食べています。

それに、食べても運動しないと筋肉はつきませんでしょ。それが大変なんです。私は朝晩体重を計っていますが、100gの体重の減りでも気になります。

ある日の朝食メニュー

◎ 朝からしっかりお肉！
・ご飯…90g（＊オリーブオイル漬けチリメン山椒《さんしょう》かけ）
・焼き肉（牛肉）…30g
・人参のバター煮…200g
・モズクの酢の物…50g
・ブロッコリー……50g（マヨネーズで）
・プチトマト………5 個
・食後の果物：キウイ…1 個

余ったご飯は 90g
をラップで包み冷凍

◎ お魚の日は大好きな鯖《さば》！
・ご飯…90g
・鯖の味噌煮…106g（鯖はカレー粉をまぶして焼くことも）
・大根と鳥肉の煮物…70g
・茄子の油炒め………40g
・モズクの酢の物……40g
・プチトマト…………5 個
・食後の果物：柿……1 個（デザートはなるべく季節もの）

【正子流食事のこだわり】

・基本メニューは同じ。その日の気分によって副食を変える。
・副食は、国産の物・季節の物を使用し、塩分は控えめ。
　作り置きして冷凍保存する場合もある。
・にんにく、納豆、ヨーグルトなども欠かせない。
・野菜…子供の頃、生野菜を食べる習慣がなかったので、火
　を通したものを好む。
・梅雨時から体が弱ってくるので、6 月～ 10 月は、どんなに
　鮮度が良くても生ものは口にしない。
・飲み物…冷たいものは避け、夏でも常温。
・お茶…15 時以降はカフェイン入りは飲まず「白湯」のみ。

体の欲するものを食べる

私の食事の基本は、

「食べたいものを食べる」です。

ただ、これは私の考えで、良いか悪いかは分からないです。でも、食べたいと思うということは、きっと体が要求しているんですよね。体が要求しているのだから、食べたいものを食べれば栄養になるだろうと思っているわけです。

だから、テレビで、あれが良い、これが良いって紹介しますけれども、私の考えは、人間は十人十色。体も人それぞれ同じじゃないよっていう感覚です。

それに、私は健康に良いものだけを食べるって頭が凝り固まってはいないんです。無性になにかを食べたくなったら、これは体のサインだなと思って食べるようにしています。

だから、食べたいなって思ったらポテトチップスでも食べますよ。塩分が多いので食べても数枚程度ですけど。

とにかく、その時に食べたいなと思ったものを食べるようにしています。

それから、私は漬物が好きなんですけど、さすがに塩分の摂り過ぎになるので控えています。そうすると体が「酢の物」を欲するんですよね。無性にモズクの酢の物が食べたくなる。だから、必ずモズクの酢の物を作っておいて毎食一口は食べています。

でも、体の欲するものを食べるのがいいからといって、内臓を冷やすアイスクリームとか甘いものなんかを毎日のように食べるのは、まずいんでしょうけど。

普段から自分の体の声をよく聞くようにして、それに素直に従うことも必要なんじゃないかと、私は思っています。

食べられることに感謝

日々、命をつないでいけるのは食べ物のお蔭です。私たちの世代は、「物を大事にしなさい、食べ物は特に大事にしなさい」「茶碗に一粒でもご飯を残したら、目が見えなくなるよ」などと言われて育ちました。ところが、今の人たちの中には食べ残して捨てても当たり前だと思ってる人がいます。

私が物心ついた頃は戦争一色で食料も配給制で、思うように食べられない時代でした。野菜の代わりにタンポポやアカザや野蒜《のびる》を食べました。イナゴを炒ってふりかけにしたり佃煮にしてタンパク質を補給しました。

そういう経験をしているので、私は食べ物を残すのが嫌なわけです。

ある時、珍しく外食がしたくなりお店に入りました。

私は、一食のご飯の量は90ｇと決めているので、減らしてくれるように店員さんに

頼みました。すると、

「減らしたって値段は同じだよ」

とぶっきらぼうな返事が返って来ました。

私が箸をつけなければ、次の人が食べられるでしょ。ご飯をゴミにしたくないと思って言ったのに、真意を分かってもらえず、とても悲しくなりました。外食してそういうふうに迷惑をかけるのなら、なおさら外では食べない方がいいと思った嫌な出来事でしたね。

日本でも、世界でも、ご飯を思うように食べられない人はたくさんいます。これから温暖化になってきたら、食料ができなくなる可能性もあります。もし温暖化で食料ができなくなっても、私は生き延びる自信があります。戦中戦後のあの過酷な食料難を生き延びたのだから、どんな辛いことでも生き延びられるという感覚があります。

でも、今の若い人があの食料難の場面に遭ったら生きられないと思う。今の人たちは、食料がなくなった時のことを真剣に考えているのだろうか？

私は、いつも食べ物に感謝をして美味しく頂いています。

睡眠をおろそかにしない！

私の睡眠時間は、だいたい8時間から9時間です。ベッドに入るとすぐに寝てしまって、トイレには全く起きません。

皆さんからは、

「羨ましい！」って言われています。

お医者さんに言わせると、体力があるから夜中に起きずに寝られるんだそうです。きっと熟睡しているんでしょうね。だから健康でいられるんじゃないかと思います。

私は昔からそうですけど、眠くなったら寝てしまいます。

特にベンチプレスの練習をした日は、夜の7時頃になると子供のように眠くなって、我慢ができないので寝ることにしています。健康維持のために、眠気を我慢しません。

無理に起きている必要はないんですから。それに、眠い時に寝ないとかえって寝られなくなってしまうでしょ。

私は最低でも8時間は寝ます。長い時で9時間。そうすると若い時からの習慣で体内時計がそうなってるもんですから、目覚まし時計がなくても自然と4時半頃には目が覚めます。

「早寝早起き」です。

睡眠時間が6時間だと、起きた時になんかスッキリしません。

やっぱり8時間から9時間寝ると

「よーし、今日もやるぞ！」

ってなるんですよね。

人間の身体って本当に良くできていると、我ながら感心しています。

昼間に元気に活動できるかどうかは、充分な睡眠が取れたかどうかにかかっているんですから、睡眠をおろそかにはできないですよね。

病気は定期検査で予防

私は、人間は体が資本だと思っています。だから、世界大会に行くようになってからは、3カ月毎に血液検査と心電図検査をするようになりました。

また、心臓のエコー検査と脳のMRIも年に1回やっています。

自分が検査をするようになって、やっぱり「定期検査」というのは必要だなと思いますね。検査をすれば病気を早めに発見できますからね。

脳梗塞の時だって、もし検査をしていなかったら一体どうなっていたことか。飛行機の中で発症したかもしれないし、世界大会の滞在先で発症したかもしれない。検査をしていなければ脳梗塞が見つかっていなかったでしょうから。そう考えると、怖くなります。いくら自分では元気だと思っていても、隠れた病気には気付けないのだから、やっぱり検査をすることが大事。

それから、ベンチプレスでは、バーベルを挙げる時に奥歯をぐっと噛み締めて奥歯がすり減るんです。だから、歯の噛み合わせのチェックを年に1回はしています。噛み合わせが悪いままにしておくと、体の色々な所に悪影響が出るみたいですから。

これからは「予防医学」にもっと目を向けて欲しいと声を大にして言いたいです。そういった意味で、私は自分の健康に投資しています。健康を保つための「食事」と「運動」にお金を使っています。服なんて必要なだけあればいいんですから。みんなが予防を心掛けることで、医療費も抑えられるのではないかと思います。

全身を検査して問題なければ、自分でも「もう完璧なんだから、絶対大丈夫だ！」っていう自信にもつながります。体に全然不安がなく試合に臨めるというのは、心理的にも大きいですね。

こういったことは、日常にも当てはまると思います。定期検査をしていれば、日々の不安を最小限にできると思うんです。

主治医の先生とのコミュニケーションが大事

私には、心臓の先生と脳外科の先生が主治医でついてくれています。病気について私は素人なので、気になることがあったら、先生にこれを聞こうあれを聞こうって全部頭の中に入れておいて、病院に行った時に先生に聞くようにしています。

すると先生が懇切丁寧に答えて下さいます。

私のような積極的な患者だったら、お医者さんの方でもきっと答え甲斐があるでしょうね。

病院の先生がアドバイスを下さるから、私はそのアドバイスを守ってるだけなんです。だから、

「先生、病気は先生が治すんじゃないもんね、自分で治すんだもんね」なんて言うの。

すると、先生も
「そうだよ」って。

本当にそうだと思うんですよ。先生のアドバイスをちゃんと聞いて、それをきちんと守ってやれば、治るものは治ると思うんです。

ただ、中にはどうしても治らないものもありますけれどね。

体調を維持したり、病気を早期発見するためには、主治医の先生とコミュニケーションをとっていれば、まず間違いはないと思うんです。年をとってきてからは、特に大事だと思いますね。

病院のどの先生も、私に良くして下さるんですが、看護師さんに言わせると、

「奥村さんが先生の言う事をよく聞くから、先生の方も一生懸命なんです」だって。

私は病院の先生に言われたことはまず守りますから。だから、先生方もやり甲斐があるみたいです。

運動は続けてこそ効果が出る

よく皆さんに、以前病院の先生に教えてもらって効果を実感した足の運動を教えるんですけど、ほとんどの皆さんが、３日とか1週間、長い人でも1カ月くらいやって「やってもダメだった」って言うんです。でも、１カ月くらいやったところで、やったうちに入らないんですよね。運動というのは、長くやらないと効果が出ませんから。

先にも書きましたように、私はちょうど50歳の時に両膝を悪くしました。和式のトイレに座ったら、両膝が痛くて突然立ち上がれなくなってしまったんです。そのため、トイレでは、床に使い古しのバスタオルを敷いて、手をついて立ち上がるような状態になってしまいました。両膝が痛くて、日常生活の色々な所に支障が出ました。

あまりの痛さに我慢できなくなり、整形外科に行ったところ、すぐに両膝の水を抜かれました。当時は、それが当たり前だったようです。水を抜かれた話を病院の帰りに寄った友達に話したら、「あんた、水なんか抜くもんじゃないよ。機械だって油が

膝痛を克服した「足上げ運動」

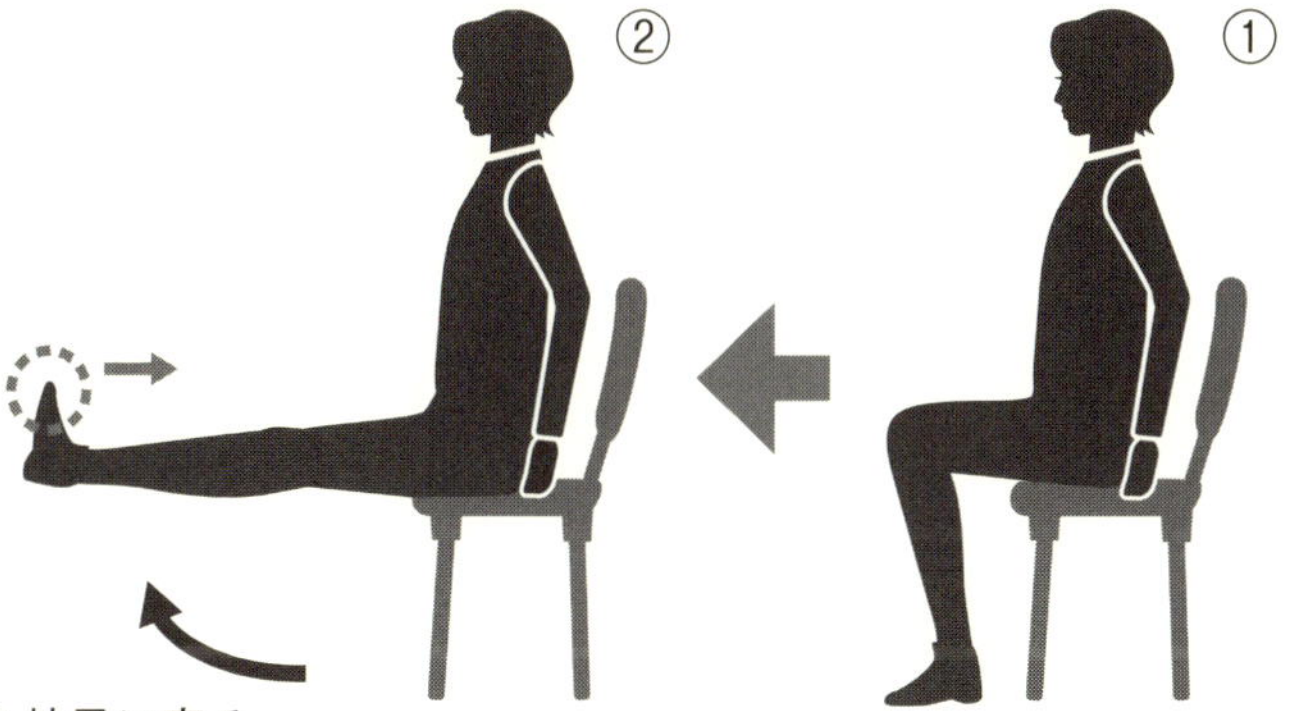

① 椅子に座る。
② 両足を上げ、つま先をできるだけ手前に立てて10秒間キープ。
この時、腿の上側の筋肉に力が入るため硬くなる。
これを何度も繰り返す。慣れてきたら回数を増やす。

あるから動けるんで、膝だって水があるから関節が滑らかに動くのよ。だから水を抜いたらダメよ」って言われたんです。そこで、その病院に行くのはやめて、自宅から車で20分程の北里大学病院に行きました。

一期一会じゃないですけど、そこでいい先生に巡り会いました。若い先生でしたけど、その先生は、私の膝痛は「老化」によるものだと言いました。それで、水は抜かなくていい、薬も飲まなくていいと言って、膝の運動を教えてくれたんです。

その運動は、椅子に座って両足を前に上げるという単純なものでした（上図参照）。両足を上げた時につま先をなるべく手前にくるように上げます。そうすると、太腿《ふともも》の前側の筋肉がパンパンに張ります。両足を上げて両膝を伸ばしたままで10秒間その姿勢を保ちます。この動作を何回も繰り返すという、ごく単純なものでした。

その運動に慣れた私は、ただ両足を上げるだけでは不充分だと思い、主人に両足の外側にダンベルを吊るせるように棒で作ってもらい、最終的には左右に3kgずつのダンベルを下げ、合計6kgを上げてやるようにしていました。それをやって前腿が強くなりました。私が今でも大股で歩けるのは、この運動のお蔭です。この運動を約10カ月続けてやったところ、痛かった膝がすっかり良くなりました。

さらに、その先生は、

「痛くない時はどんどん歩きなさい。歩くことが一番大事です。ただし、コンクリートの上をいくら歩いてもダメです。かえってクッションが悪いから膝を痛めてしまう。だから本当は昔の農道みたいな土の上が一番いいんだけど」と教えてくれました。

でも、当時住んでいた相模原でも土の道なんてもうなかったんです。それで、主人に相談したら「ゴルフがいいよ」ということで、膝の運動と並行してゴルフをやることになりました。ボールを前に飛ばせるようになるまでに10カ月もかかり、10カ月目に初めてゴルフ場に連れて行ってもらいました。主人の他にセミプロみたいな２人と一緒にやっていたのですが、３人の男性たちからは、「俺たちにかまわずに走れ！」と言われ、膝もだいぶ良くなっていたので、とにかく走りました。

「あーあ、ゴルフなんてやらなきゃよかった」って後悔しましたが、３年くらいしたら、コースを普通に回れるようになるまでに上達し、足腰もだいぶ鍛えられました。

私は割り合いに我慢強くて、とにかく良いと思って始めたものをものにしないと嫌なんです。どんなことでも「石の上にも三年」という気持ちでやっています。

足腰を鍛えるのに、別段ハードな運動は必要ないんです。この両膝の曲げ伸ばしは、椅子に座ってテレビを観ながらできますから。やれば足腰が強くなるので、小股で足を引きずって歩かなくて済むわけですよ。

もちろん、皆さんに教えているのはダンベルは使わないただの足上げです。

１日30回を１週間やり、強くなってきたら、次は50回といった具合に数を増やしていけば充分に鍛えられるわけですからね。

肉体の衰えとうまく付き合う

私は、ベンチプレスをもう17年も続けていますけど、ただ闇雲にやってきたわけではありません。肉体が衰えるのに合わせて、自分なりに考えて練習メニューを変えて来ました。70代までは週に3回だったジムでの練習も、80歳になってからは2回に減らしました。

なぜなら、年齢と共に、練習後の回復に時間がかかるようになったんです。そうやって肉体の衰えとうまく付き合っていくのも、年齢を重ねる上では大事なことです。

また、私が今まで無事にやってこられたのは、全てにおいて無理をしなかったことでしょうね。自分でよく考えて、ベンチプレスだけではなく全ての面において無理をしないように心掛けてきました。

実は私は、趣味で陶芸を13年間やっていました。陶芸仲間の皆さんとお話もできるし、ともて楽しかったのですが、２年程前にやめました。

というのも、粘土をこねるのにけっこう肩を使うんです。あんまり肩を使い過ぎるとバーベルが挙がらなくなってしまうんです。

「二兎を追うものは一兎をも得ず」って言いますけれども、やっぱり年をとってくるとあれもこれもは無理なので、それで思い切ってやめることにしました。

陶芸を一緒にやっていた皆さんは、

「せっかく今までやってきたんだから、やめない方がいいんじゃないの」

って言ってくれたんですけれども、やっぱり肉体的に無理でしたから。

衰えないように運動することは大事です。でも、だからといっていつまでも若いままでいるのは無理なんです。

だから、年をとればとるほど肉体との対話が重要になってくるんです。

今までの世界大会で獲得した４つの金メダル
開催年　：開催国（左のメダルから）
2013 年：チェコ
2014 年：イギリス
2015 年：アメリカ
2018 年：南アフリカ

第４章

気持ちが大事！

私は「姥桜」

私は、皆さんからよく「あなたの考えって年寄りの考えじゃないよね」って言われます。

でも、私は人って年寄りも若いもないんじゃないかと思っているんです。同じだと思うんです。

若い人は若い人なりに、これから巣立っていくんだから、どういう人生を送ろうかって考えて、一日一日を頑張って生きて行かなければならない。

私のような年寄りだって、日一日と死に近づいてはいくけれど、一日一日を精一杯に生きて行かなければならない。死に近づくからといって、「さあどうしよう」って慌てることはないじゃないですか。普通に生きて行けばいいんですよ、普通に生きて行けば。

年をとったからって「年とった」なんて思う必要はないんですよ。私はまだこれからが青春だと思っています。

ところで、「姥桜《うばざくら》」という言葉を知っていますか？

「姥桜」というのは、年をとっても咲く桜のことです。

私は自分のことを「姥桜」だと思っています。

だから、写真を撮られる時に冗談でよくこんなことを言うんです。

「お見合い写真にするんだから、ちゃんと撮ってよ！」って（笑）。

やっぱり、このくらいの冗談が言えないとね。

外見は誰だって老化するからしょうがないんです。

でも、気持ちまで

「おばあさん」になる必要はないのよ。

いくつになっても女性でありたい

私が今一番気を付けていることはなにかと問われたら、まず第一が自分の体を自分の料理する食べ物で守っていくこと。

そして、もう一つは、

「いくつになっても女性は女性だ」ということです。

亡き主人がよく言っていました。

「お前ね、年をとっても女は女だよ。男じゃないんだよ。身だしなみには気を付けな」「別に綺麗なものや高いものを身につけろというんじゃなくて、小ざっぱりして年寄り臭くないようにしな」って。

確かに周りの人から見た時に、その方が感じが良いですよね。でも、誰だって年をとればシワもできるしシミもできるんですから、しょうがないんですよ。

ただ、やっぱり立ち居振る舞いがあんまり年寄り臭くならないように自分では気を付けているつもりです。

また、若々しい格好というのも心掛けています。特にトレーニングジムでは男性の方が多いので、年寄り臭いというのをあんまり見せたくないので、それは一番気を付けていますね。「年だけれども、まだまだ元気だよ！」というような人でありたいと思っています。だから、年をとるというのは考えてみても難しいんですよ。

よくトレーニングジムに行くと、

「奥村さんは、背筋も伸びてて若いね」って言われますけど、それは努力しているからであって、やっぱり努力しないとそうはならないですよね。

周りのお年寄りの皆さんは、背中を丸めていると楽だと言うんです。でも、私はダメなんです。背中をピンとしていないとどうしても苦しくなってしまって。これも習慣なんでしょうかね。

背中を丸めた姿勢を続けていると、やっぱり段々と背中が丸まってしまいます。

「お前、年をとっても女は女だよ」って亡き主人が励ましてくれるので、やっぱり何歳になっても女性でいたいと私は思っています。

昨日より今日、今日より明日、一日たりとも同じ日はない

私のように90歳近くなると、一年毎に体力が落ちます。この感覚は若い人には分からないでしょうね。

周りの皆さんは「奥村さん、現状維持ができれば最高だよ」って言って下さるんですけれども、実際には年を重ねてくるとその現状維持が難しいんですよね。

一年一年落ちて行くなと感じるようになったのは、4年ぐらい前、85歳の頃からです。それまでは楽に挙がっていたバーベルが、重く感じるようになったんです。

ただ、普段、ベンチプレスをやっていない時は、年をとったって考えたことは全然ないんですよ。

それから、年をとっても、毎日全く同じ日というのは、ただの一日たりともないいん

ですから、私は毎日が楽しく感じています。

日々移り変わりがあって、自分が受ける感覚も毎日違います。

もちろん、自分の行動も日々違います。そういった些細な変化をどう感じるかというのは、大きいでしょうね。

私はまず、朝起きるのが楽しみなんです。朝起きて、

「よーし！　今日はなにしようかな？」って考えるとワクワクしてきます。

ちょっとした用事で出掛ける時も

「今日はどんな事に出会えるかな？」って思うと楽しくなってくるんです。

それに、人間て年を重ねてきても、これで良いということはないと思うんです。

私は、

「昨日より今日、今日より明日」って、ほんの少しでも向上したいと思っています。

だから、私はこの年になってもまだまだ気持ちは、

「日々青春」なの！

年をとるのも楽しいのよ！

よく、人生の折り返しに差し掛かった人たちが、先のことを色々考えて心配することが多いって聞きますけど、私は今、昔の楽しかったことを想い出したり、これから先どうなるんだろうなんて考えて、楽しく過ごしています。

89年生きて来た私が断言します。

年をとるって楽しいのよ。

「明日はどんな日が来るかな？」って考えると、面白いんです。

だって、そうでしょ。太陽が西に沈むと、また明日が来るじゃないですか。果たして明日というものがどんな日か？　それは、全ての人にとって「新しい日」じゃないですか。決して今日の続きじゃないわけですから。そう考えると楽しいの。

私が「年をとっても楽しいのよ！」って言うと、

「年をとって楽しいって言う人なんていないわよ」って言われます。

なぜ私が日々楽しく感じるのか？　改めて考えてみると、常に「目標」を持っているからでしょうね。

目標を持つと、やっぱり気持ちが目標に集中するでしょ。そうすると、嫌なことや苦労を忘れられるんです。

私にも嫌なことや苦しみは、もちろんあります。生きていたら誰だってみんな苦しいんですよ。苦しみの最中にいる時は、本当に苦しいです。私もたくさんの苦しいことがありました。

でも、その時は苦しくても後になって思い返してみると、その苦しみがあったお蔭で、他人の痛みや苦しみが分かるようになったり、自分なりにではありますが、なんらかの成長ができたなって思ってるんです。

ただ、苦しみだけにあんまり焦点を当て過ぎてしまうと先に進めなくなってしまう。

だからこそ、楽しいこと、新しい明日に気持ちを向けることが大切なんです。

そういった意味で、ベンチプレスは、日常の嫌なことを忘れて、ただバーベルを挙げることだけに気持ちを集中できる。それが良いんでしょうね。

好きなことを好きな時にできる自由

私は、年をとることを不安に思ったことはないんです。だって、それぱかりは自分でどうしようもないですから。不安に思ったところで若返らないのだし（笑）。

でも、ボケてしまうのは嫌だな、私。やっぱり人と会話ができたり、自分でなにかができたりするのがいい。自分で食べることができなくなったら寂しいですよね。

主人が亡くなった時に息子から

「お母さん、一人になっちゃったけどどうする？　施設に入る？」と聞かれました。入ろうと思えば入れる施設もあったんですけど、私は「イヤ！」と言いました。

「なんで？」って言うから、

「だって、はい、ご飯の時間です。はい、寝る時間ですなんて言われるのは私は嫌だ」って。やっぱり眠くなった時に寝たいでしょ。

私は、早いと夜7時頃になると寝ちゃうんですけど（笑）。そういう自由がないって私は嫌だって言って、一人暮らしを選んだんです。

一人暮らしのために、家のコンロをＩＨクッキングヒーターにしました。というのも、お年寄りはコンロの火が服の袖に燃え移って火傷をすることが多いと聞いたんです。それに、ＩＨですと、加熱時間をタイマーで設定できるし、加熱し過ぎると自動で止まるので火事の心配も少なくなるわけです。だから、自分で言ってでもできるうちは、自分の家で過ごしたいと思っています。

今は自分で買い物もしてますけど、買い物もできなくなったら、買い物サービスを利用すれば、１時間いくらで払えば買ってきてくれますから。ただし、自分の目で全部確かめて買いたいから、人に頼んだ時にどうなるかな、という不安は感じますよね。だけど、それはしょうがない。便利なサービスを活用しながら、できる限りは自分の家で暮らしたいと思っています。

そういう一人暮らしの現実的なことでは、当然私も不安はありますよ。でも、年をとること自体には全く不安を感じていません。

それに誰だっていつかはこの世とサヨナラするんですから、大丈夫なのよ！

自然体が一番

ベンチプレスでバーベルを挙げる時、私は、「よし、やってやるぞ！」って思います。だから、挙がらないと癪《しゃく》にさわるの（笑）。

でも、長年やってて分かったのは、そうやって「よし、やるぞ！」って気負うと、かえってダメなの。変な所に力が入ってしまうからか、不思議と体にブレーキがかかっちゃうのよね。だから、コーチの李さんからは、「気合を入れなくていい！」って言われています。

面白いですよ。

「挙げよう、挙げよう！」って思ったらダメなんですから。

ベンチプレスは、単純な競技に見えますけど、やるべきことがものすごくたくさんあって、気負っているとやるべきことも忘れてしまうんです。

試合では、審判の合図でバーベルを挙げるんですが、実は挙げる前からやるべきこ

練習には毎回課題を持って取り組んでいる

とが山ほどあります。そのうちの一つ、二つをやり損ねると、うまく挙がらなくなるんです。だから、リラックスして自分のやるべきことを冷静に一つ一つやって、挙げるための体を作るんです。

ところが、気負えば気負うほど、そのやるべきことを、一つ、二つ、三つと忘れてしまう。そして、挙がるはずのものが、挙がらなくなるんです。

日常生活でも同じようなことがあるかもしれませんね。気負い過ぎちゃうと、うまくいかないことが多い気がします。だから、家のことは適当にやっておけばいいんですよ（笑）。と言いながらも、私は手抜きを

するのが苦手。よく周りの皆さんから
「あんた、潔癖症もいいけども、いい加減にしないと体をこわすよ！」
って言われるので、家事を手抜きするんですけど、何回か手抜きしているうちに、やっぱり気持ち悪いんですよね。そうするとまた元通りになっちゃう。全力を尽くすことが小さい頃の躾で滲みついているから、しょうがないんです。
でも、気負い過ぎるとバーベルが挙がらなくなるというのは事実。ベンチプレスも日常のことも、リラックスして自然体でやれたら一番いいんですけどね。

第5章

外に出よう！

大地を踏みしめて歩く！

私は、人間の体で一番大事なのは、腰から下だと思っています。

私の住む茨城県の鹿嶋市では、シルバーカーを押す人や杖をつく人、車椅子の人があちこちに見受けられるんですけど、ほとんどの人が私より若い人なんですよ。

私より若いのに足が弱ってしまうのは、やっぱり足腰を使っていないのが大きいんじゃないかしら。

「一病息災」っていう言葉がありますけど、私は先にも書きましたように50歳の時に両膝を悪くしました。

それで、足腰が大事だっていうことを嫌という程思い知らされたので、とにかく歩くことを心掛けてきました。

車も50年間乗ってきましたけど、歩ける所へはできるだけ歩くようにしてきました。

だから、今年89歳になりますけど、大股で歩けるんです。私は普段からできるだけ大股で歩いています。

そして、足を地面につく時に、

「私は大地を踏んでいる！大地の上に生かされている！　生きてるんだぞ！ってという気持ちで一歩一歩大地を踏みしめるんです。

週に2回ジムに通う時は、駅までの片道2キロを行きも帰りも歩いています。

この道中には、線路をまたぐ高架橋の坂道があるんです。

私は「心臓破りの丘」と呼んでいるんですけど、けっこうきついんですよ。

その坂道を登る時、私は亀になるの（笑）。

「ゆっくり歩いても必ず終点につくんだから、怪我をしないで歩こうね」

って自分に言い聞かせるんです。

その坂道には、約5メートルおきに地面に横線があるので、

「あの線まで行こう！」って、その最初の線を目指して歩くんです。

その線に達したら次の線、そこまで行ったら次の線といった具合に、目標を小分け

にして歩くんです。

それで、坂の頂上近くまで来て、いよいよ大変になってきたら、次の一歩だけに気持ちを集中する。とにかく、一歩、一歩、一歩って。

そうすると、気付いたら上まで着いている。そうやって、目の前のことだけに気持ちを集中すると、楽に目的地に到達できるんです。

坂道の一番上についたら、一休み。

一息ついたら、また大股で
「私は、生きてるぞ！」って地面を踏みしめて下って行く。
そうやって歩くと自然と元気が出て来ますよ。
私は、歩けと言われたら、どこまででも歩きますよ（笑）。

「心臓破りの丘」と呼んでいる坂道を一歩一歩踏みしめて歩く

人とのつながりを大事に

　私が子供の頃、母から
「人っていう字をお前どうやって書く？　一本なくなったら倒れるだろう。お互いに支え合っているのだから、人というのは大事なんだよ」

って教えられました。

　そのため大人になってからも、私は人と人とのつながりをものすごく大事にしてきました。それが、やっぱり昔からの日本人の心だと思っています。

　だから、私はほんの少しでもなにかをしてくれた人に対しては、必ず「有難う」とお礼を言うことを心掛けてます。

　それは、外国に行った時でも同じです。

　２０１８年の南アフリカの世界大会で滞在したホテルでは、現地の黒人のコックさんが私のために卵焼きを焼いてくれていました。というのも、料理は色々並んでいたのですが、私には食べられるものがなかったので、私が頼んで焼いてもらっていたんです。

朝食の時に黒人のコックさんに「お早う！　今日も元気？」って声を掛けるでしょ。「元気だよ、有難う」ってそのコックさんが答えるんです。「今日は、どういうふうに焼くの？」って聞くから「両面焼いて」なんて言うとちゃんとその通りに焼いてくれる。

９日間そこのホテルにいた間、その黒人のコックさんと会うといつも声を掛けて、話すのを楽しみにしていました。

帰国のためホテルを発つ日。

朝６時の出発だったんですけど、その黒人コックさんが、私の部屋のハウスメイドの人と一緒に見送りに来てくれたんです。

「気を付けて帰って！」って、別れを惜しんでくれました。有難いですよね。

「そんなこと普通よ」って言う人もいますけれども、私はそうじゃないと思うの。だって、その人に気持ちがなかったら、そんなに朝早くに来ないでしょ。本当に私はそういう点で、人との出会いに恵まれているなっていつも感謝しています。

会話を楽しむ

年をとってくると、どうしても病気の話が多くなります。
私が「今日はなにしてるの？」って話し掛けても、ほとんどのお年寄りが、
「腰が痛くてさ」とか
「血圧が高くて救急車で行ってさ」とか
「こっちの医者の方が良くて」などという話っきりないんですよ。
そういう病気の話ばかり聞いててごらんなさい。クシュンとして、自分もなんだか病気になっちゃうような気がしますよ。
だから私は、お年寄りに
「病気の話とか孫や年金の話ばかりじゃなくて、建設的な話をした方がいいよ！」
って言ってるの（笑）。だいたいお年寄りは家にこもり過ぎると思います。だから、
私がよく言っているのは、

「外に出て人と会話しなさい」ということ。

人と話していると、知らないことが色々あります。私の歳になっても知っていることなんて微々たるもので、知らないことの方が多いんですよ。

例えば、カレーの話をするとするでしょ。

「あんたの所のカレーはどんなふうに作るの？」って聞けば、

「うちのはこんなのよ」って相手の人も喜んで教えてくれる。

「ああ、そういうカレーもあるんだ！　じゃあやってみようかな」って、自分で作ってみるわけ。そうすると、

「あっ、これも美味しいじゃないの！」って自分の世界が広がるのよね。

誰かと話すと必ず二つか三つは自分のためになることがありますから。どんな人と話をしても、皆さん知らないことを色々教えてくれますよ。人と会話をすると勉強になるんです。

「いくつになっても死ぬまで勉強」

私は、そう思って色々な人との会話を楽しんでいます。

免許を返納して「歩け！歩け！」

私は36歳で車の免許を取って以来、50年運転していました。お蔭様で50年間、無事故無違反で過ごしましたが、２０１８年の5月、免許を返納することにしたんです。

返納しに行ったら、顔見知りのお巡りさんがいて、
「奥村さん、まだ運転できるじゃない」って言ってくれたけど、
「いや、事故を起こしてからじゃ、間に合わないから」って。
周りの人たちにも
「まだ返さなくてもいいのに」
って言われたけれど、事故を起こさない保証ってないんですよ。
「あーあ、やっちゃった」では済まないでしょ。

それに私は、鹿嶋市から「市民栄誉賞」を頂いているので、そんな人が事故を起こしたら市に申し訳ないでしょ。

事故を起こして、いくら保険からお金が出ると言っても、人の命と気持ちはお金では買えませんからね。

人を傷つけてしまったことが死ぬまで一生心に残ってしまいます。私はそれは嫌。やっぱり、毎日楽しく過ごしたいですから。事故を起こして人を傷つけてしまったら楽しく過ごせないでしょ。

これが、免許返納のまず一つの理由です。

もう一つの理由は、体力的なこと。

私の免許更新は90歳だったんですが、更新の90歳まで車に乗っていて、90歳から歩いて買い物を始めるのと、2年前の88歳から始めるのとではどっちがいいかなって考えたの。

88歳で返納すれば、90歳までの2年間で歩くことに慣れるわけですから、やっぱり、体力があるうちに返しておいた方がいいだろうと思ったんです。

90歳になって、さあ歩きましょうというのと、２年前から慣れておくのではずいぶん違いますよ。そこまで考えたんです。

何事も行き当たりばったりじゃダメですもん。行き当たりばったりをしていたら良いことないですもんね、やっぱり。

いざ返納すると、車が無いというのはなかなか大変。

でも、

「昔の人は歩いたじゃないか。今の人が歩けないわけないじゃないか」

って思って、最寄り駅までの２㎞の道のりも私は平気で歩いています。

人間が、歩くのは当たり前ですからね。

2015 年、鹿嶋市市制施行 20 周年記念式典にて「市民栄誉賞」を授与される　（写真提供：鹿嶋市）

授与された「市民栄誉賞」は自宅に大切に飾られている

一人酒で過去や未来を行ったり来たり

私が6歳の頃、お花見に行った時に、酔っぱらって着物の腰巻をはだけて寝ている綺麗なお姉さんに見物人が群がっていたのを見て、それがみっともなくて恥ずかしくて、私は子供心に「外ではお酒は飲むまい」と決めました。だから、私は外では一滴もお酒を飲みません。私は家で一人で手酌酒の演歌の世界なんです。よく友達から「あんたのお酒は暗いね」って言われています（笑）。

でも、一人で飲むのも楽しいんですよ。私は、飲みながら色々と考えるんです。例えば、「明日これをしなきゃいけないな。あれをやるにはどうしたらいいかな？こうしたらいいかな？」なんて独り言を言いながら飲むんですよ。あれこれ考えながら飲むのが楽しいんですよ。

それから、色々と未来のことをこうしてああしてって空想したり、あの時はああだったなって昔のことに想いを馳せるのも楽しいんです。過去や未来を自由に行ったり来たりしながら空想に浸るのが好きなんです。

実際にはそうならないようなことも「もし、こうなったらどうなるかな？」なんて想像するのが楽しいんですよね。

そういうふうにしていると、きっと認知症にもならないんじゃないでしょうか。

一人酒は楽しいんですが、毎日は飲まないです。また、試合の1カ月前は飲まないようにしています。

私がお酒を始めたのは、68歳くらいから。

ワインや焼酎、ブランデーを楽しんでいます。日本酒は美味しくて好きなんですけど残るんです。残るとベンチが挙がらなくなるから我慢しています。いい気分で飲んでいたら、ワインを一人で1本空けてしまいます。

「もう少し飲もうかな？」「もうちょっと飲んでも大丈夫かな？」なんてやってて、そのうちに段々段々深酒になってしまう。

それで、読者の皆さん、笑わないでね。

お酒を飲んだ次の日のベンチは全然ダメ。体が言う事をきかないの（笑）。

流れに逆らわない

これからの時代は、超高齢化社会で親の面倒をみる人が増えてくると思いますが、多くの皆さんが親の介護のことを心配しているのではないでしょうか。

私は50代前半からの約15年間、母親の介護をしました。当時は、主人の仕事の事務もしており、週末に母の所に行って面倒をみるという生活でした。

親の介護の経験者として私が言えることは、「流れに逆らわない」ということ。

人一倍行動力があり元気だった母が、認知症になってどんどん弱っていくのを目の当たりにするのは、やっぱり辛かったです。

母の元を訪ねたある時、付き添いさんが母に「キノさん、娘さんが来ましたよ」って呼び掛けました。その時、忘れもしない一言が母の口から出ました。「私に娘はいない」って。あの時は心底情けなくて、寂しかったですね。

でも、人間誰しも年老いて弱っていくというのは、自然の流れなんです。だから、その自然の流れに逆らわないことが大切なんです。母の介護をしている時に私は、「なるようにしかならない」という気持ちを心掛けました。そう思わなかったら、自分がどんどん委縮してしまったのではないかと思います。

無理して自然の流れに逆らったってダメだと思います。流れに無理に逆らうと、今度は自分が精神的に参ってしまい倒れてしまいますから。

だから、介護を負担なく続けるには、「流れに逆らわない」というのが、すごく大事だと思います。

逆らったところで、なるようにしかならないのですから。だから、流れに逆らわずに、無理をしないで生きる他ないと思います。

これは介護に限らず、長い人生、全てのことに当てはまるんじゃないでしょうか。良いか悪いかは分かりませんけど、私は今までの経験でそう思っています。

気分転換にテレビを楽しむ

トレーニングがない日は、買い物に行ったり、郵便局や市役所での用事をこなします。用事のない時は、時代に乗り遅れないように新聞を隅々まで読んで過ごします。新聞を読んでしまうと、あとは気ままにテレビを観るんです。テレビって気分転換にはもってこいなんです。外に出ることは大切ですけど、出てばっかりだと疲れちゃいますからね。

私はミステリードラマが好きで、よく観ています。なぜ好きかというと、

「どの人が犯人かな？」

「この先どうなるのかな？」って、頭の中で色々考えられるのが楽しいんです。

私は足腰がしっかりしていますが、階段を降りる時には手摺に掴まる癖があるんです。主人からは「お前はミステリーの見過ぎだ！」ってよく言われていました。ミステリーってよく階段から突き落とされるでしょ（笑）。

ミステリードラマに加え、ニュースや世界遺産などの特集番組もよく観ています。ただ、お笑いの番組は、最近は不真面目なものが多いので、まず観ていません。若い人には分からないでしょうけど、私の子供時代は、エンタツとかアチャコとか古川ロッパといった人たちが活躍した時代でした。彼らは本当に面白かったですね。昔のお笑い芸人には芸がありました。

行いはあまり良くなかったと言われてますけど、やすきよの横山やすしだって面白かったもの。彼らの芸を見ていると自然に笑いがこぼれましたね。ところが、今のお笑いは無理無理笑わせているようで、あれは芸じゃないような気がします。

やっぱり、世界遺産とか世界の島々といったような番組がいいですね。「行ってみたいな」と思いながら、自分で行った気になって、想像しながら観ると楽しいんですよ。

私の性分なんでしょうけど、観ながら考えたり、想像したりするのが好きなんです。時には、ダンベルを挙げたり運動をしながらテレビを観ることもあります。そうすると、いい気分転換にもなるし、そういう観方が老化予防にもつながっているような気がします。

終活は残される人のために

今、「終活」が流行ってますけど、後に残される人のことを考えたら、「終活」はやった方が良いと思いますね。自分のためじゃないんですよ。残される人のために。

というのは、私の母が亡くなった時、年をとってから困らないようにと母が買い溜めしていたメリヤスの服が、たくさん出てきたんです。

ところが、メリヤスの服は時代遅れですし、着ないからみんな変色してしまっていて人にもあげられない。ゴミになっただけでした。それを考えたら、残される人のために整理しておくべきだと思うんです。

そう言っている私も、実は息子の勧めで終活を始めました。

息子が家に来た時に、たまたま私がキッチンの上の引き戸を開けたの。そうしたら、戸袋の中に瀬戸物が一杯あったわけです。

それを見た息子から

「お母さん、一人暮らしなのに、なんであんなに物が要るの？　あんなに要らないでしょ！」って言われたんですよ。

「人が来た時に困るから」って言ったら、

「あるもので出せばいいでしょ。片付けなさい！」って厳しいんですよ、私の息子（笑）。

だけど、正直な話、私は一つ一つに色々想い出があって欲しくて買ったんですよ。

それが、いつの間にか溜まっただけなんです。

でも、息子に言われたのを機に自分でよく考えてみました。

そして、確かに終活も必要かなと思ったんです。それで、泣く泣く捨てましたよ。

瀬戸物はだいぶ捨てました。だから、今は物が少なくなったんですよ。

ただ、捨てきれないものもあるんです。

例えば写真。よくテレビの終活の特集でも一番困るのが写真だって言ってますよ

13 年間趣味で続けた陶芸で作った花瓶。終活でこの花瓶だけを残した

ね。でも、「捨てられない」って言っていたらキリがないんです。少しずつやらなければいけない。

終活して変わったことは、先ずは物を買わなくなりました。私はできるだけ質素を心掛けてきましたから、服なんかは古い物を平気で着ています。でも、やっぱり女性ですし、興味があるから、気に入ったお皿なんかがあるとついつい買ってしまう。ところが、終活してからは、気に入ったお皿を見ても、

「あっ、ダメ。すぐ捨てるんだからやめよう」

って買うことが少なくなりましたね。

「終活」は、現在進行形でまだしてるんですけどね。

エンディングノートは一切書いていませんが、自分の心に思っていることは一つずつ解決していくようにしています。

第6章

幸せは心ひとつ

—89年の人生で私が確信したこと—

体も自然の一部よ

ジムに練習に行く日の朝、ベッドから下りた時に
「今日は何kg挙がるな」

って不思議と分かるんですよ。朝起きた時の体調で分かるんです。

なんでそうなるんでしょうね？

なんとなく自分で分かるの。

「ああ、今日は挙がらないな」

って感じると本当にダメ。

それは精神的なものなんでしょうかね？

私も人間ですから、日によって調子がいい日と、悪い日がものすごくあります。同じ重量でも軽々と挙がる日と、なんでこんなに挙がらないんだという日があるんです。

ベンチプレスで挙がるか挙がらないかというのは、その日の天気にも左右されます。

特に気圧は関係があります。やっぱり気圧が高い晴れた日の方が挙がるんです。他にも代謝とか体内時計とか色々関係しているようです。

ベンチプレスをやっていると、

「私の体も自然の一部なんだな」

ということを如実に感じさせられます。

結局、それは生かされているということなんでしょうね。

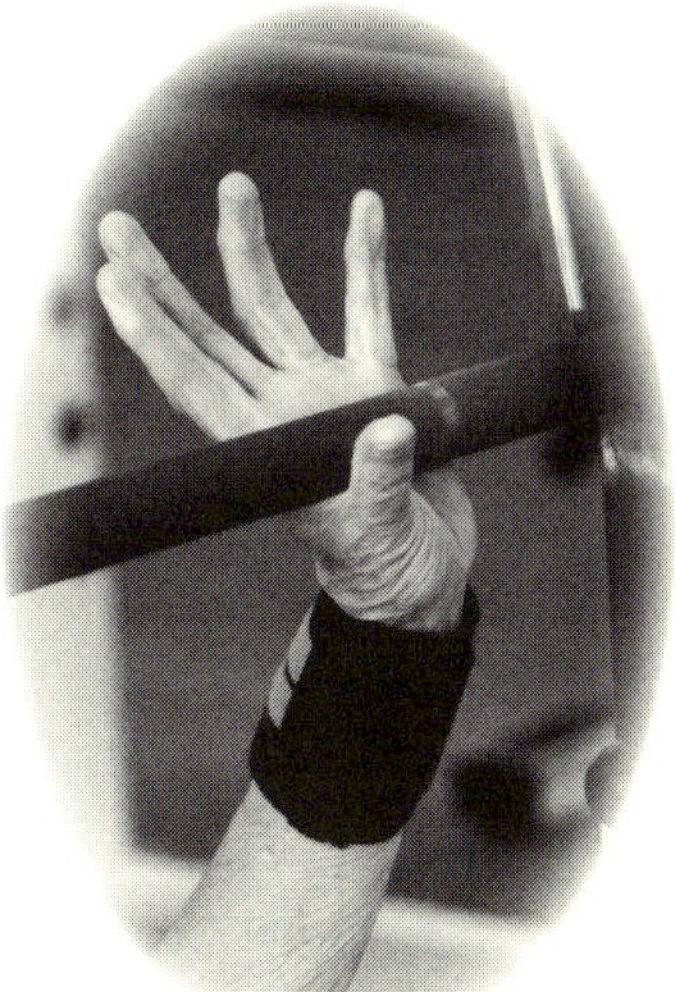

やってもいないのに「できない」って言わない

私は、なんにもやらないうちから「できない」とは絶対に言わないようにしています。

私がこういう考えを持つようになったのには、きっかけがあるんです。


それは、私が37歳の時のことでした。

アメリカの陸軍の司令部があった神奈川の「キャンプ座間」で働いていた野口さんという男性から
「憲兵隊の事務所で事務員の欠員が一人できたから、うちに来ないか?」

って誘われたんです。

その仕事は、当時私が働いていた所より休みも多いし、ボーナスも公務員と同じで年に3回、有給も1カ月あって、さらに厚生年金も失業保険もある。当時の日本には、そんないい所はなかったので行きたいと思いました。

ところが、仕事の内容を聞いたら、米軍の人の車や免許証や銃を税関などに申告する書類を全部タイプライターで打たなきゃいけないというんです。

私はタイプライターなんて打ったことないし、英語の英の字だって知りませんでした。私たちが学生の頃は、英語を習うなんて国賊だって言われて習ったことがない時代でしたから。

ローマ字も分からないんですから、英語なんてまるっきり分かるわけがない。

それで、「できない」って断ったんですよ。そうしたら野口さんに「やりもしないで、見もしないでできないとはなんだっ！」って一喝されて、「とにかく、一度見に来たらいい！」って言われました。

それで、できないのは分かってますけど、「それもそうだな」と思って、キャンプ座間に見学に行ってみることにしました。

その職場には、カウンターがあって、兵隊が入って来ると、事務員は兵隊の顔を見ながら話を聞いてタイプを打っていました。

見学してみて、

「やっぱりダメ。私、英語分からないもん」

と言うと、野口さんは、

「英語なんて勉強すればできる！」だって。

でも、英語が喋れないのに話しながらタイプを打つなんて、どう考えたってできないでしょ。私は「できない」って断りました。

ところが、野口さんは、

「いや。やってみなきゃ分からないだろう！」って。

そういうふうにしつこく言われて、私の負けず嫌いにとうとう火が付きました。

「よーし、やってやろうじゃないか！」って（笑）。

それで米軍基地で働くことになったんです。

でも、働き始めて最初の3カ月間は、毎晩のように「英語」と「数字」が夢に出てうなされました。だから、最初のうちは本当に猛勉強しました。

慣れるまでは色んな苦しい思いもしましたけれども、努力の成果はありました。語学の昇給テストにパスすると基本給が10％、20％、30％と加算されるんですが、3年目に昇給テストを受けたら、合格して10％とれたんです。

「ああ、やっぱり人間努力すればできるじゃないか」って思いましたね。

キャンプ座間では13年間働きましたが、お蔭様で色々な経験をさせてもらいました。

この時の経験から、私はやってもいないのに「できない」ということは言わないようになったんです。とにかく、先ずはなんでも積極的にチャレンジしてみることにしました。

やってみてダメならしょうがないですから。あの時の
「やってみなきゃ分からないだろう！」

という言葉は、その後の私の人生に本当に大きな影響を与えた一言でしたね。

継続と努力が未来を拓く

人間にとって価値あるものは？　と問われたら、私は迷わず「続けること」と答えるようにしてます。よく「継続は力なり」って言いますけれど、継続することはなにより大事でしょうね。

私は17年間やってきたベンチプレスで続けることの大切さを学びました。ベンチプレスでもなんでも続けることでなんとかなる。

だから、簡単に諦めちゃダメなのよ。

そして、生きて行く上で必ず必要なものは、継続と共に「努力」でしょうね。やっぱり人間は努力しなけりゃダメだと思います。

特にベンチプレスは、継続して努力することしかないと思っています。そうしないと記録が上がっていかないんです。ただなんにも考えずにやっているだけじゃ、重量は上がりませんからね。どうしたら上がるか、ということを考えて努力する。

「もっと肩を寄せて」なんてコーチから言われるので、アドバイスの通りにやってるんですけど、やっぱりその時の体の調子によってうまいことできる時と、そうでない時がありますす。それがいつも平均してできればいいんですけど。平均してはなかなかできない。難しいんです。でも、難しいからこそ、それを努力で乗り越えていく必要があるんですよね。

もし、努力できないという人がいたら、それは言い訳だと思います。私が「できない」という言葉を使わないというのは、それなんです。

やってみなけりゃ分からないんです。やってみてダメだと思っても、さらに努力してみる。そうすると最初はできないと思っていたことも、できるようになるんですよ。

ベンチプレスの練習を通して、私はそれを実感しています。

自分の未来を切り拓くのは「継続と努力」です。

葛藤や挫折があっての人生

私のことを傍から見ると、いつも強気だけで生きているように見えるようです。

でも、私も皆さんと同じ。時々弱気になる時だってあるんです。

例えば、2017年に脳梗塞が見つかった時には、

「なんで病気をしたんだろう？　私はもうダメだ」って思いました。

「もうダメだ、ダメだ」って思う一人の人間の私がいるわけですよ。

そうするともう一人の私が、

「お前、なんで弱音を吐いてるんだ。お前は大空襲の最中を、死んだ人もいるのに逃げ延びたじゃないか。それを考えたら幸せなんだから生き延びなきゃいけない！」

って言うわけですよね。そして、

「あっそうだ。よし頑張ろう！」という気持ちになれる。こんなふうに、いつも自分の中で弱気の自分と強気の自分とが葛藤《かっとう》しながら毎日を過ごしています。

ベンチプレスも、思うようにいかず、葛藤したり挫折があるからこそ楽しいんです。練習で挙がるはずのものが挙がらないと、納得がいかなくて、自分に対して頭に来るんです。「ああでもない、こうでもない」って考え出すと、どん底に落ちて行ってしまうんですよ。

だからといって、私はいつまでもどん底にはいません。「次はこうしてやってみよう！」ってスパッと切り替えてまたやってみます。切り替えはやっぱり大事です。挫折と切り替えの繰り返しで、一つ一つ挑戦していっています。

やっと課題を克服したと思った途端に、また悪いところが出てきたりしてね（笑）。そういう葛藤があるから、やっぱり楽しいし、続けられると思うんです。簡単に挙がってしまったら、面白くないと思うんです。

山登りだってそうでしょ。三浦雄一郎さんだって、簡単に登れちゃったらやらないでしょ。それが、今回は何合目まで行けたから次は何合目まで目指そうと、挫折しながらも挑戦して、ああやってエベレストにまで登ってしまう。

やっぱり、そういう葛藤や挫折があるからこその人生ではないのでしょうか。

人生って「生」と「死」しかない

実は、私は58歳の時に娘を亡くしているんです。

娘はまだ33歳の若さでした。水泳が得意で、優しくて活発ないい子でした。娘は高校を卒業すると、私には内緒で私が働いていたキャンプ座間の就職試験を受けました。英語の勉強を一生懸命やっていた甲斐があって合格し、一時期、母娘で同じ所で働いていたことがありました。

でも、同じ所といっても基地はすごく広いですから、プログラマーとして本部で働いていた娘と憲兵隊の事務所で働いていた私が、基地内で会うことは残念ながらありませんでした。娘はその後、アメリカのハワードヒューズという有名な会社にプログラマーとして勤めました。

ところが、ドイツに派遣されていた時に急性白血病になってしまったんです。

それはちょうど、私の母がおかしくなってしまっていた時でした。

私は娘の元へすぐにでも飛んで行きたかったけれど、行くに行かれなくて…。会ってやれないまま急激に病状が悪くなり、結局、娘はお骨となって日本へ帰って来ました。

娘のそばにいてやれなくてかわいそうだったけれど、私がそばにいても病気はどうすることもできなかったと思います。「人生ってこんなものなのか…」と思いました。悲しかったけれど、人生ってなにがあるか分からない…。

私もけっこう苦労しているんです。ただ、苦労はしていますけど苦労だとは思わないようにしています。だって、苦労だと思ったらなんでも苦労ですから。

２０１７年には主人に先立たれました。

でも、人生って「生」と「死」しかないんですから、そんなにいつまでも「死」を悲しんではいられない。そんなに深刻に考えなくていいんですよ。

長女の由加里さん

人生なんとかなるさ！

私は苦労もしましたけれど、それを苦労だと思って気持ちが縮こまったままでいることはまずなかったですね。

「なんとかなるさ！」

と思ってやってきました。そう思わなきゃ人生生きていかれないもの。

だって、世の中は考えたって思うようには行かないのよ。なるようにしかならない。そういうふうにいい意味で諦めています。

私は今、一人暮らしだから色々なことを自分で全部考えて処理していかなければなりません。それが大変です。大変ですけど、なるようにしかならない。

背伸びしてやったってしょうがないことだから。

自分でできる方法で解決して生きる他ないでしょ。そう思ってやってるんですけどね。

でもね、「なるようにしかならない」とは思ってるけれど、心のどこかでは努力しますよ。だから、物事が良い方に展開する。努力さえしていれば、悪い方に傾くってことはまずないですね。

やるだけやってダメならダメ。やりもしないで「できない」っていうのはないです。初めから「できない」って言うのは私の主義じゃないから。やってできなきゃしょうがない。その時は「自分でこれだけやったんだからいいわ」って諦められる。でも、やらないうちから諦めたら、もうなんでもダメですよ。なんでもやってみる。

私は、ずっとそれで来ました。

ただ表面づらだけやるんじゃなくて、やっぱりそこは努力しなきゃ。

「こういう方法もあるんじゃないかなぁ？」

「ああしたらいいんじゃないかな？」って、立ち止まって考えれば、また違う道が開けてくるでしょ。

そうして、自分がやるべきことをやっているなら、あとは「人生なんとかなるさ！」って自然の流れに任せればいいんですよ。

目標を持って全力で生きる

これから年をとって行く人たちに、私が声を大にして言いたいことは、「やっぱり、いくつになっても死ぬまで勉強。死ぬまで目標を持っていないとダメ」ということ。私は、ずっと目標を持ってやってきて、今でも目標を持っています。

日々、「朝が明けました。夜が暮れました。寝ます」というのでは、私はダメだと思うんです。やっぱり「昨日より今日、今日より明日」という想いが必要。それに、人生は達成すべき目標があるからこそ、楽しくなるんだと思うんです。

目標を持つことと共に大切なのは、全力で生きることとね。私は全力で生きてますから。ダメだと思ったらもうその時点で何事もダメだと思うんですよね。だから、私はベンチをやっていてダメだと思わないようにしています。

「ああ、もうダメだ、もうダメだ」

ってなんでもかんでも後ろ向きに考えたらキリがないんですよ。どんなことでも前向きに捉えていた方がいいでしょ。後ろ向きに落ち込んで解決するんだったら落ち込めばいいですけど、解決しないでしょ。

私はもう、年齢的に言ったら先は短いですよ。だからこそ、この短い命をどうやって楽しく生きようかってことを考えています。

例えば、私にしてみれば、「よし、２０１９年の世界大会で自己記録更新！」って思うでしょ。その次の世界大会は一番最初の世界大会で行ったチェコですから、もう一回チェコに行って、私を慕ってくれているチェコ人の友達に会いたいって思うでしょ。で、その年は東京オリンピックもあるから、できたら聖火ランナーをやりたいというのがあるでしょ。目標はいくらでもあるじゃないですか。

きっと読者の皆さんだって考えたらいっぱいあると思います。

私は一日でも長く生きたい。達成したい目標がたくさんあるから。

だからお迎えに来られちゃ困るの（笑）。

感謝の想いが力をくれる

私が物心ついた頃、母が一番最初に教えてくれたことは、

「人に感謝をしなさい。有難うという言葉を絶対に忘れてはいけません」

「自分がされて嫌なことは、絶対に人にしてはいけません」

これらの教えを私は今でも守っています。


私は、ジムの人たちにも近所の人たちにも親切にしてもらっていて、本当に恵まれています。周りの皆さんが一生懸命に私をサポートしてくれるので、ベンチプレスも続けられていられるんです。皆さんが良くしてくれなかったら、とても自分一人ではできないと思っています。

そういうこともあって、私は試合に臨む時に右の拳で胸を三つ叩くんです。

まず一つ目は、今日までのこの元気でいられる体を生んでくれた亡き父と母に感謝。

２つ目は、亡き主人と息子に感謝。

３つ目は、会長さんをはじめとしたジムの皆さんやお医者さんなど私を支えてくれている周りの全ての皆さんに感謝。


「有難う！」の想いを込めて胸を三つ叩くの。

これが試合に臨む時の私のルーティンなんです。

その感謝の想いが、私に力をくれる。

「よし！　やるぞ！」っていう気持ちになるの。

それに感謝の気持ちを忘れたら、やっぱりなんだってうまくいかないってことを長い経験で知っていますから。

「感謝したからやれる。できる！」

って自分で言い聞かせているんです。

幸せは心ひとつ

人生って順風満帆にいく人もいれば、苦労する人もいる。上を見てもキリがないし、下を見てもキリがないでしょ。そう考えたら、私は幸せだなと思ってるんですよ。どういう人生を送るかというのは、その人の考え方が大きく影響しているでしょうね。

その人が、「自分は不幸だ」と思っていたら、どんなに恵まれた境遇にあっても不幸ですよね。反対に、傍から見て、どんなに不幸そうに見える人でも、その人が幸せを感じて生きていたら、やっぱり幸せだと思うんです。

私は「自分は幸せだ！」って思って過ごしています。日常の一つ一つのことを幸せだって感じています。どんな小さなことでも「幸せだな。有難いな」と思っています。ずっとそういう生活を送ってきました。

今の時代は、幸せだって感じていない人が多いようですけど、やっぱり自分で幸せだって思わないと。

人生を楽しむためには、やっぱりその人の想いが大きく影響していると思います。「自分にはできない」とか「自分はもうダメだ」「自分は不幸だ」って思っていたら、段々段々小さく頭を垂れて、どん底に落ちちゃうと思うんです。

「私はできるんだ！　よし、やってみよう！」って思うと人間が大きくなるんです。

私の言っていることが正しいとは言いません。

ただ、私の経験では、どんなに辛い時でも、「私は幸せだ！」と思って、ニコッと微笑むことで、どこかに幸せを感じられるような気がするの。

だから私は、人生というのは、その人の思い方ひとつ、「幸せは心ひとつ」だと思ってるんです。

第7章

私の根幹を作った体験

明治の厳しい躾が私の元を作った

私は、昭和5（1930）年、横浜に生まれ育ちました。祖父母は元々は富山の人ですが、色々あって群馬県の高崎に出て来ました。

その後、関東大震災があり、大震災の後は仕事があるだろうということで、高崎から横浜に出て来たのだそうです。

日本ビクターに勤めていた父は、ピストン堀口という有名なボクサーのジムに通っていたくらいですから体格が良く、私が生まれてすぐに陸軍の兵隊にとられました。私が生まれた翌年に満州事変が起こってからは支那事変、大東亜戦争（※）と戦争続きでしたから、父はずっと戦地でしたので、父親の想い出はあまりありません。

そのため私は、祖父母と母に育てられました。特に明治生まれで昔気質《かたぎ》の祖父と母には厳しく育てられました。挨拶の仕方から箸の上げ下ろしまで、小学校に上がる前からどれだけ厳しく躾けられたことか。

小学校に上がってからは、毎朝、障子のハタキかけと玄関の上がり端《はな》磨きをやらされました。弟が幼くして亡くなったこともあり、私は一人っ子みたいに育てられましたから余計に厳しかったのです。

祖父の血を引く母も鬼かと思うくらいに厳しくて、言う事を聞かないとすぐにゲンコツでした。私は、自分の親は「継親《ままおや》」じゃないかと本気で思っていたこともありました。昔は「お前は橋の下から拾ってきた」ってよく言ったものなんですが、もしかしたら私も拾われたんじゃないかなと思っていました。

戦争の中に育つ

私は、ずっと戦争の最中に育ったと言っても過言ではありません。私が物心ついて一番鮮明に覚えていることがあります。扁桃腺を腫らして熱を出して寝ていた夜、雪の降る中を山手の方から兵隊が銃剣を持ってコツコツと軍靴の音をたてて走って来たのです。後で分かったことですが、あの「2・26事件」でした。

その翌年（昭和12年）には支那事変が始まり、さらに昭和16年12月8日に大東亜戦

※大東亜戦争：太平洋戦争の日本側の正式名称

争が始まると、戦時色が一気に濃くなっていくのを感じました。大東亜戦争が始まった時は、まだ小学4年生で、正直なにがなんだかよく分かりませんでした。開戦のニュースを聞いた祖父母と母が「大変なことになったね」と心配そうに話していましたが、まさかあのような困難が待ち受けていようとは全く想像もしていませんでした。

この大東亜戦争が始まってからは、常に防弾頭巾を背負って歩くようになり、救命袋、三角巾、お米を炒ったものを必ず携帯するようにもなりました。

友達のお父さんやお兄さんが兵隊に行くといえば、学生みんなで虎の絵の描かれた布に「千人針」をあちこちもらいに歩いたり、戦地の兵隊さんに慰問文を書いたりもしました。

大変だった学徒動員

私が通っていた横浜市中区の北方尋常高等小学校は、自宅から急な上り坂を登って歩いて10分くらいの所にありました。私はその小学校を卒業すると、そのまま北方尋常高等小学校の高等科（今の中学1、2年生に相当）に進みました。女学校へ通うという選択肢もありましたが、電車で女学校に通っている時に万が一空襲に遭って、親子がバラバラになってしまうことを両親や祖父母が心配したのです。

高等科に進んだ私でしたが、戦況の悪化で授業をすることはほとんどなく、ほどなくして「学徒動員」で大人たちに混じって仕事をすることになりました。

学徒動員で一番初めに行ったのは、金沢文庫の葛谷《くずたに》というパラシュートを作っている工場でした。そこで機械でパラシュートの紐を編む仕事をしました。高等科の1、2年生の女子が、電車で金沢文庫の工場まで通いました。男子は上陸用舟艇というボートを作るために横浜港の新山下町の工場に行っていました。

パラシュート工場で半年以上働き、次に動員されたのは元町の靴を作る工場でした。靴工場では陸軍の兵隊の靴を作っていたのですが、私が任されたのは靴の底に使うための硬くて分厚い皮を切る仕事でした。力が必要で、とても大変な仕事でした。

刃物が切れなくなると途端に皮が切れなくなるので、刃物を研いでは皮を切るという作業を何度も何度も繰り返さなければなりません。

一日中、厚くて硬い皮を切らなければいけないんです。気を抜くと自分の手を切ってしまい大怪我ですから、気を抜けません。しかも、当時は食料は配給となっており、充分に食べていないところに重労働でしたから、一日が終わると、もうヘトヘトに疲れました。私たちの学年と私たちの一つ上と一つ下が、学徒動員された厳しい年代だったのではないでしょうか。

命がけの「買い出し」

開戦から2年が経った頃から、配給の食料がめっきり少なくなり、私が小学校を卒業して高等科へ入った頃には、仲のいい友達とよくお米の「買い出し」に行きました。

その日、私たち仲良し4人組は、いつものように朝早く出発し、横浜駅から神中線《じんちゅう》で二俣川《ふたまたがわ》駅を目指しました。当時は二俣川の辺りは農家が多かったので、私たちの買い出し先はもっぱら二俣川でした。ところが、電車に乗って数分もした頃、突然、空襲警報が鳴り響き、敵機襲来の情報に電車は急停止しました。空襲になると電車は機銃掃射の恰好の的でした。買い出しに行くのも命がけだったのです。

私たち４人は他の乗客と共に電車から降り、線路から離れた土手に身を隠しました。恐る恐る空を見上げると、Ｂ29が今にも落ちて来そうなほど大きく見えました。

「早く通り過ぎて！　こんなところで死んでたまるか！」

轟音を響かせて敵機が飛び去った時は、ホッとして
「良かった！　生きてる。生きられた！」と４人で手を取り合って喜びました。

なんとか無事に二俣川駅に降りると、とにかく農家を目当てに歩きました。目ぼしい農家を見つけると、声を掛けて交渉です。当時の農家は貧しい家が多く、

「嫁に着せるような着物を持って来ればお米と換えてあげる」と言われたこともありました。だから、買い出しには、もう着なくなった着物を１枚ぐらい持って行くことが多かったです。そう易々とは売ってくれず、着物１枚とお金をいくらか払って、やっと１升のお米と交換できました。

無事にお米が手に入った時は、嬉しかったですね。当時は、子供心にも「家族と一緒に食べて行かなければいけない」「なんとか家のために役立とう」と皆が必死でした。

何軒もの農家を廻り歩いて、なんとか4人とも1升のお米を手に入れた時には、朝食におかゆを食べただけですから、お腹はもうペコペコでした。

でも、誰一人お弁当なんて持っていません。私たちは、農家を廻る間に目星をつけておいたトマト畑で思い思いにトマトを取ると、はいていたモンペでちょちょっと拭いて、新聞紙に包んで持参した塩をつけてかぶりつきました。

あの時のトマトの瑞々しい味は今でも忘れられないですね。今でしたら、畑のものを取ったら怒られますけれども、農家の人も見て見ぬふりをしてくれていました。ただ、畑になにもない冬場はお昼抜きです。空腹と寒さに凍えながらの買い出しでした。

横浜大空襲

終戦間際、私の考えの根幹を作った体験があります。忘れもしない、昭和20（1945）年5月29日の「横浜大空襲※」です。

その年の3月に高等科を卒業した私でしたが、学徒動員で行っていた靴工場の人手が足りず、一緒に卒業した女生徒全員が、そのまま靴工場に就職していました。

ところが、戦況が厳しくなると靴工場だけでは生産が追いつかず、母校である小学校の講堂（今の体育館に相当）が靴の生産工場となり、私はそこに通っていたのです。

その日、私はいつものように講堂に行き、仕事にとりかかろうとした時でした。突然、空襲警報が鳴ったかと思うと、ほとんど同時に空襲が始まったのです。焼夷弾《しょういだん》の炸裂音や機銃掃射のバリバリバリバリッという音を聞いて、私たちは靴底を縫う大きい機械の下に反射的に隠れました。そして、機械の下で友達どうしで肩を寄せ合いました。怖くて外の様子を見るなんてとても考えられませんでした。機械の下に身を潜めながら、

「家のみんなはどうしただろう？」

「肺炎で40度以上の熱を出して寝込んでいたおじいちゃんは、逃げられないのでは？」

私は心配でいてもたってもいられませんでした。

空襲は絶え間なく続き、私には何時間にも思える程長く感じました。

焼夷弾の音と機銃掃射の音が全く聞こえなくなった時は、肩を寄せ合っていた友達と助かったことを喜び合いました。

※横浜大空襲：米軍のＢ－29爆撃機５１７機とＰ－51戦闘機１０１機による横浜市街地への無差別攻撃。投下された焼夷弾の総量は２５７０トンで、約10万人が亡くなった同年３月10日の東京大空襲の約１・５倍。

高台にあった北方小学校は幸い焼夷弾の被害は免れ、機銃掃射の犠牲になった人もいませんでした。空襲がやむと、下の方から焼け出された人たちが続々とやってきました。学校が、そのまま収容所になって、逃げて来た人たちは教室に入りました。

空襲後、初めて外を見ると、見下ろした街は焼けて真っ黒でなんにもなくなっており、所々にコンクリートの建物や真っ黒く燃え残った柱が残っているだけでした。私の家の周辺も、一面の焼け野原になってしまっていました。

家族との涙の再会

我々子供たちは、親や家族が無事に逃げて来るのを期待して、人が来る度に眺めました。無事に会えた親子が抱き合って喜び合うのを見ながら、家族が誰一人来ない私は、どんどん心細くなっていきました。みんなの無事を祈りましたが、学校に来る人も段々とまばらになっていき、諦めかけて俯《うつむ》いていた時でした。

「正子！」母の声で顔を上げると、目の前に家族4人の姿があったのです。

「みんな生きてた！　命があったんだ！」

そう思うと涙がボロボロと溢れました。涙を流しながら父と母、祖母、祖父と抱き合って無事を喜びました。特に助からないと思っていた祖父が生きていたのは、嬉しかったですね。祖父が布団を持って逃げ切ったのを見て、人間て追い詰められるとすごい力が出るんだなと思いました。

父の話では、空襲警報を聞いて空を見上げた瞬間、「これは大変なことになる」と思ったそうです。Ｂ29が空を埋め尽くすほどたくさん飛んでおり、低空にもすばしっこい戦闘機がたくさん飛んで来たそうです。程なくして、まるで雨が降り注ぐように落ちて来た焼夷弾で横浜の街があっという間に燃え盛り、あちこちから上がる煙で昼間なのに空が真っ暗になったと言います。

とうとう私の家にも火が燃え移り、４人で命からがら逃げ出しましたが、敵の戦闘機が動くものを手当たり次第に撃ってきたため、あちこちに身を隠さなければならず、逃げて来るまでに時間がかかったということでした。火事から逃げ回っているところに、上から機銃掃射で狙われるという、まるで地獄絵のような光景だったそうです。

大空襲の犠牲になった人たち

幸い私の家族は無事でしたが、私が知っている学校のお友達だけでも5人が亡くなりました。お母さんが機銃掃射で撃たれて亡くなって、その背中で赤ちゃんが泣いていたのを見たという話も聞きました。この横浜大空襲で1万人もの人が亡くなり、30万人以上が罹災《りさい》したと言われています。

昔は着物を染め返して着たので「染物屋」という商売がありました。近所にその染物屋があり、そこのおばさんがいつも私に優しくしてくれていました。その染物屋のおばさんは、私の家から10メートル程離れた防空壕の中で亡くなっていました。焼けただれて真っ黒焦げで誰だか分からなくなっていたのですが、うつ伏せになっていたのでお腹の所の帯が少しだけ残っており、その帯の柄で身元が判明しました。

防空壕といっても色々あって、道路脇の防空壕は地面に穴を掘っただけで屋根などないので、そこにうつ伏せになったまま焼け死んだという人がけっこういました。

私よりも1学年上で日本舞踊を習っていた女の子は、機銃掃射の弾がお尻に当たって亡くなってしまいました。すごく美人で近所でも有名な女の子でした。

また、同級生の友達は玄関の上がり端に手をついた時に機銃掃射をされ、弾が骨盤に当たってしまいました。彼女は運よく命は取り留めましたが、当時花形だった従軍看護婦の夢を絶たれました。それだけでなく、結婚しても子供ができませんでした。

私は下手をすれば死んでいたかもしれないのに生き延びられました。このことには感謝しかありません。

盗まれた防空壕の食料

空襲当日は食べ物はなにも支給されず、次の日の夕方になって、やっとおにぎりが一人1個ずつ支給されました。大空襲で焼け残った精米所のお米で炊いたというおにぎりは、酷く焦げていて燻《いぶ》り臭かったのを覚えています。

その翌日くらいには、冷凍のさつま芋が一人1本ずつ配られました。甘くてシャリッとしたそのさつま芋は、軍が保存していたものだと聞きました。当時、一般家庭には、冷蔵庫や冷凍庫なんてなかったですから珍しかったですね。

軍隊が援助に来てくれてはいましたが、食料は充分とは言えませんでした。そこで、大空襲から4日目に、両親と私で家の庭の防空壕に保管していた食料や服を取りに行くことにしました。焼け野原となった焦げ臭さの残る街中を自宅目指して歩きました。

お腹が空いて、私はもうフラフラでした。でも、援助された食べ物を私に優先的に食べさせてくれていた両親は、きっと私の何倍もお腹が空いていたに違いありません。防空壕の中の食べ物にありつければなんとかなる、その想いだけで家を目指しました。

ところが、防空壕の中は空っぽで、あてにしていた食料も服も何一つありませんでした。空襲のどさくさに紛れて、盗られてしまっていたのです。

体中の力が一気に抜けて、両親と私はその場に座り込んでしまいました。

焼け野原で見たこの世の地獄

両親は、もう横浜で暮らすことは不可能だと判断し、その足で祖母の実家の富山に疎開することにしました。まだあちこちに死体がゴロゴロしている中を横浜駅を目指して歩きました。父も母も無言で歩いていました。

「死ぬとこんなに憐れになってしまうのか…」と思いながら、私も黙々と歩きました。

元町の川に差し掛かった時です。私は思わず「あっ！」と息を飲み、足が止まってしまいました。川には水に浸かってブクブクに膨らんだ死体がたくさん浮いていて、その死体を材木を引っ掛けて運ぶのに使う鳶口《とびぐち》で川から引き上げていたのです。

大空襲の時、劫火《ごうか》から逃れようと多くの人が川に飛び込んだようです。ところが、その元町の川では、たくさん係留されていたシャコ漁船（当時の横浜はシャコ漁が盛んでした）から漏れた重油に火が付き一面火の海になったようでした。川面には燃え残った重油が一面に広がっていました。

死体は、まるで物を扱うように鳶口で引き上げられ、そのまま引きずられて、焼け残ったトタンの上に次々と積み重ねられ、火をつけて荼毘《だび》に付されていました。

「人間てこんなに儚《はかな》いものなのか…」

私は大きなショックに呆然としながらも、父と母の背中を見ながら必死で歩きました。

ようやく辿り着いた横浜駅には、丸焦げの列車が放置されており、大空襲の傷跡が生々しく残っていました。これから乗り込もうとする列車は、疎開する人たちで屋根にまで人が溢れ、窓から乗り降りするほどの混雑ぶりです。私たちは、なんとか乗り込むことができました。列車は途中で何度も止まると聞いていたので、トイレの代わりに皆空き缶を持ち込んでおり、空き缶で用を足しました。

ゆっくり走る列車は、途中で何度も機銃掃射に遭い、その度に止まりました。なかなか進まず、長野の辺りで列車の中で一晩過ごし、富山までは二日がかりでした。

疎開先での苦労

疎開先では、祖父母は一度外に出た者ですから、あまりいい顔をされませんでした。私たちの他にも疎開して来た親戚がおり、当然、質素な生活を余儀なくされました。

不自由な居候生活でしたが、戦地生活が長かった父が一緒で、親子水入らずの貴重な時間でした。ところが、疎開して間もない6月10日、父にまた召集令状が届きました。

父の行先は佐賀県で、後方の守りを務めるということでした。しかし、いくら内地勤務とはいえ、父はもう48歳でしたから、いかに無謀な戦争だったかが分かります。

疎開先では、とにかく生きるために必死で、農家の色々なことを手伝いました。田植えも手伝いましたけど、あの当時は田んぼにヒルがたくさんいて、足にヒルがくっついて血を吸われるんです。私はそれが大の苦手でした。富山は冬は雪が降りますし、都会育ちの私には、慣れないことばかりで本当に大変でした。

終戦にただただ安堵

疎開した頃には、富山の市街地も空襲されるようになっており、富山の街が空襲による火事で赤々としていたのを見たこともありました。富山の街には、軍需工場があったので狙われたようでした。

不二越鋼材という会社も、元々は街の中に会社があったのですが、空襲を避けるために森の中に見えないように工場が作られていました。その不二越鋼材で給仕の人が必要だから来ないかと声を掛けられました。当時の私は、今でいうと中学3年生くらいですから、まだ一人前の仕事はなにもできないと思いましたが、せっかく誘ってくれたのだからと働きに行きました。

工場での給仕の仕事にもやっと慣れてきたある日、「重要な放送があるから集まるように」と全ての従業員が広場に集められました。

「重要な放送って、一体なんだろう?」

他の従業員に混じって、私は緊張の面持ちでラジオの前に並びました。放送は途切れ途切れでよく聞き取れませんでした。でも、大人たちがガッカリしたり悔しがっている様子から、日本が戦争に負けたことがすぐに分かりました。まだ子供だった私は、「やっと戦争から解放された!」というのが正直な気持ちでしたね。とにかく「自由になれた!」という解放感がありました。

戦争が終わり父が帰って来るので、母は心底ホッとした様子でした。疎開先のおばさんたちも旦那さんが帰って来るので、喜んでいるのが明らかに見て取れました。

苦しい疎開生活を二年程続けた後、私は母と二人で横浜に帰って来ました。そして、焼け野原になった以前住んでいた所にバラックを建ててもらい住み始めました。バラックは、屋根はトタンで壁はベニヤ板を打ち付けただけです。10畳くらいの部屋と物置がありましたが、物がなにもないんですから広々と感じました。

終戦後も食料は相変わらず少なく、食料の調達には苦労しました。しかし、食料はなくても、もう空襲がなかったので心理的にはだいぶ楽でした。

バラックでの生活が落ち着くまでには、その後ずいぶんと時間が掛かりました。

苦しい体験を語り継ぐ

私は戦中戦後の苦しい体験があったので、その後の様々な困難を我慢できたことは確かです。たとえ逆境にあっても、あの苦しかったことを想い出すと「負けちゃいけない！　あの時の苦難に比べたら、できないことはない」と思えました。

そして、生きたくても生きられなかった人もいたのだから、

「一日一日を大切にし、神様にお借りしている命を最後まで全うしよう」と思えました。戦争の苦しみの中で育った人は、そういう考えの人が多いのではないでしょうか。


ある時、私がよく使う駅でいつも見掛ける高校生の女の子が、

「学生時代から運動してるんですか？」と私に突然話し掛けてきたことがありました。

「私があなたたちくらいの年頃の時は、戦争中で運動どころじゃなかったのよ。いつ空襲が来るか分からないし。運動の時間は竹の棒の先を削った竹槍で敵を突く練習をしてたんだから」と私が答えると、

「ええっ！　そんなことがあったんですか！」って驚いていました。

「あんた竹槍で鉄砲の弾に勝てると思う？」

「ううん」

「そういう戦争一色の時代に私たちは生きてきたのよ」

「そうなんですか！」って。

その時、私は思ったんです。

「やっぱり戦争中のそういう辛かった話は、後世に伝えるべきだな」って。苦しい時代があったことを知らない人がたくさんいますでしょ。

「いつもこういう裕福な時代じゃないんだよ」

「戦争はしちゃいけないよ」ということを伝えたいですね。

　後から振り返ると、あの軍国主義というのは正しいことではなかったと思いますね。

「時代に翻弄された」という言葉がありますけど、正にその通りでしたね。

　絶対に戦争はしてはいけません。苦しむのは兵隊だけではないんです。我々国民全てが困るんですから。

　彼女と話したことで、若い人って話せば思いの外、素直に聞いてくれることが分かり、若者たちに我々の体験を語り継ぐことが大事だなと改めて思いましたね。

　でも、彼女が話し掛けてくれて本当に嬉しかった。彼女が、

「子供の頃に運動してなくて、どうしてベンチプレスで金メダル取れるんですか？」

って聞いてくれたので、色々説明してあげました。

　ああいう素直な子がたくさんいて、日本の歴史を学んでくれたら嬉しいですね。

おわりに

誰でも50歳を目前にする頃には老化を感じるようになり、70歳ともなると、体のあちこちに不具合を感じるようになってきます。体の不調にともなって気持ちも後ろ向きになってしまいがちです。

でも、大丈夫よ！

「お年寄りの人やこれから年をとる人たちに元気を届けたい！」

そんな思いで私はこの本を書きました。特に健康や将来に少しでも不安を感じている方に、勇気を持ってもらえたら嬉しいです。

「一体どんな方が読んで下さるかな？」と新たな出会いを楽しみにしています。

私は本を読むのが大好きなんですが、本との出会いって人と人との出会いに似てるなって思うんです。

人と話をすると、自分の知らないことがたくさんあって、とても勉強になります。その人から色々なことを吸収できます。

本も同じで、ひとたびページを開くと、そこには知らないことや自分の発想にはないようなことが書いてある。だから、面白くていつの間にかその中に引きずり込まれてしまうんですよね。

そういった意味で、「72歳でベンチプレスを始めた変わり者の私」の話には、きっと皆さんが知らない世界が広がっていることと思います。

「人間はいくつになっても勉強。死ぬまで目標を持たなきゃダメ！」と、私はよく言っています。

でも、目標というのは人それぞれ、どんなことだっていいと思うんです。たとえそれが、他人から見たら些細なことであっても、大切なのは自分がやりたいかどうか。

あの時に私が、

「私にベンチプレスなんてできっこない」

と思ってやらなかったら、なにも始まっていなかったでしょう。

今、もし、あなたがやりたいことがあるのに、

「私はもう年だから」

「自分にはとてもできそうにない」

「今までやったことがないから」といった色々な理由をつけて、やりたいことをやらずにいるとしたら、それはものすごくもったいないことです。

これからは、

「人生なんだってできるのよ！」

と思って、自分のやりたいことにどんどんチャレンジしてみて下さいね。

今は、

「人生100年時代」

って言われていますし、なにかを始めるのに遅いってことはないんですから。

この本の私の言葉が、目標に向かって行くあなたの「追い風」となったなら嬉しいです。

さらには、その追い風を今度はあなたが、周りの皆さんにも吹かせてくれて、皆さんが楽しく日々を過ごしてくれたなら望外の喜びです。

最後になりましたが、私のベンチプレス人生を支えて下さっている日本パワーリフティング協会と世界パワーリフティング協会の方々、ベンチプレスの指導のみならず様々な面で大変お世話になっている「ＯＬＩＶＡ・ボディビル＆フィットネスクラブ」の神白徹雄会長、コーチの李炳八さんにこの場をお借りして改めてお礼申し上げます。
また、私の想いを多くの方々にお伝えできるこのような素晴らしい機会を与えて下さった桜の花出版の山口春嶽会長と力強くサポートして下さった編集部の皆様に心より感謝申し上げます。

二〇一九年四月吉日

奥村正子

写真：著者所蔵 ／ 物江毅（p57）／辻充彦（p107）
撮影：渡辺健一（p83・p117・p119・p123・p131・p139・p141）
協力：OLIVA・ボディビル＆フィットネスクラブ　神白徹雄氏、李炳八氏
公益社団法人 日本パワーリフティング協会

奥村正子（おくむら まさこ）

1930（昭和5）年、横浜市生まれ。戦時色の濃い中、明治生まれの祖父と母から厳しく躾けられて育つ。

1945年5月29日、「横浜大空襲」に遭い、命の大切さを思い知らされる。

1953年、結婚。1967年より在日米陸軍基地「キャンプ座間」で13年間勤務。

50歳の時に両膝を痛め、運動で克服して以来意識的に足腰を鍛えてきた。

2002年、夫の交通事故のリハビリをきっかけに72歳でベンチプレスを始める。夫との二人三脚で練習を続け、2013年、83歳の時に世界マスターズベンチプレス選手権（60歳以上、47kg級）で優勝。以来3連覇を果たす。

2017年、脳梗塞の治療で世界大会出場を断念。直後に長年連れ添った夫にも先立たれてしまう。逆境の中、周囲の支えと持ち前の努力で2018年世界大会で復活優勝。50kgの日本記録と45kgの世界記録を持ち、非公式ながら85歳の時に60kgのベンチプレスを成功させている。

2020年の東京オリンピックで聖火ランナーを務める夢も持つ。

「私と同じお年寄りやこれから年をとる人たちに元気を届けたい！」という想いでバーベルを挙げ続けている。

体重47kg、身長154cm、茨城県鹿嶋市在住。

89歳、人生なんだってできるのよ！
－マスターズベンチプレス世界チャンピオンが語る
人生100年時代を楽しく生きる秘訣－

2019年5月2日　初版第1刷発行

著　者　奥村正子
発行者　山口春嶽
発行所　桜の花出版株式会社
〒194-0021　東京都町田市中町1-12-16-401
電話 042-785-4442
発売元　株式会社星雲社
〒112-0005　東京都文京区水道1-3-30
電話 03-3868-3275
印刷・製本　株式会社シナノ

ISBN978-4-434-25943-2 C0095

桜の花出版 好評既刊

◆希望の最新医療　（桜の花出版取材班　定価　各 790 円＋税）

スペシャリストによる最新治療のご紹介

『奇跡の放射線治療』 脳腫瘍・頭頸部癌・肺癌・乳癌・食道癌・肝細胞癌・膵臓癌・前立腺癌・子宮頸癌・悪性リンパ腫 ほか

全身麻酔で臓器を切る外科手術の時代は終わった。切らずに癌を治したい人必読！　副作用、身体への負担が圧倒的に少ないIMRT 放射線治療が患者の身体と心を救う！　（新書判 128 頁）

『安心の脳動脈瘤治療』 手術をしないカテーテル治療の最前線！

身体への負担が少ないカテーテル治療。開頭せずに安全に脳動脈瘤が治療可能に！　これからは短時間で治せる新たな時代へと向かう！　開頭手術と比べた利点も明瞭に。（新書判 144 頁）

『期待の膵臓癌治療』 手術困難な癌をナノナイフで撃退する！

千代の富士はじめ、多くの人が、発見された時には余命一年と宣告される膵臓癌。その難攻不落の膵臓癌にも、光が見えてきた！　切除不能と言われても諦めるな！　（新書判 140 頁）

『信頼の腰痛・脊椎治療』 寝たきりリスク『ロコモティブシンドローム』を回避する！

寿命は筋肉量で決まる！　寝たきりリスクを回避するノルディックウォーキングを紹介。個人で骨盤と背骨のバランスは違う、優れた脊椎整形外科医は、その差を見極める！（新書判 128 頁）

『第一の肺癌治療』 早期発見・チーム医療・ロボット手術・肺移植・話題の新薬まで

肺癌は日本人に最も多い癌で、病期は癌の大きさ、リンパ節転移、遠隔転移の３つで総合的に判断され、とても複雑。医学の進歩に伴い、肺癌治療法の選択肢が益々広がる。　（新書判 128 頁）

『救いの総合診療医』 新・総合診療専門医が日本の医療を変える！

日本の医療改革。高齢化社会と医療費高騰の問題を解決するには総合診療医の育成が鍵。様々な身体や心の問題を見極め診療する総合診療医が、あなたの苦悩を解消する！（新書判 176 頁）

★上記全て電子書籍有り